人民總理

周恩來

（香港）大型展覽畫冊
紀念周恩來誕辰120周年

紫荊出版社

願相會於中
華騰飛世界時

弟翔宇臨別預言

前　言

今年3月5日，是周恩來總理120周年誕辰。3月1日，中共中央在人民大會堂舉行"紀念周恩來同志誕辰120周年座談會"，習近平總書記在會上深情回顧了周恩來的高尚品格、純潔黨性，以及他爲中華崛起作出的巨大貢獻，崇敬之情溢於言表。習近平說："周恩來，這是一個光榮的名字，不朽的名字。每當我們提起這個名字就感到很溫暖、很自豪！"

120年前的1898年，時逢清朝推行戊戌變法，試圖爲中國人開啓一個新時代，然而這場變法僅僅維持了103天即告失敗，中華民族愈發陷入絕望與迷惘中。同一年，一個在未來改變中國歷史的偉人——周恩來於江蘇淮安出生。他少年時立志爲"中華之崛起而讀書"，青年時領導"八一"南昌起義，打響了武裝反抗國民黨反動派的第一槍，向全國人民指明了出路。他與毛澤東、朱德等老一輩無產階級革命家一道，爲中華民族的解放、富強殫精竭慮、嘔心瀝血。今日之中國，能以嶄新姿態屹立於國際舞台，離不開周恩來等老一輩中國共產黨人所作出的犧牲與貢獻。

作爲新中國第一代領導集體重要成員的周恩來。也一直心繫香港命運，牽掛著香港同胞的幸福，他在擔任國家總理的26年中，爲維護香港同胞利益付出了巨大心血，爲和平解決香港問題做了大量基礎性、開拓性工作。他提出和平解決香港問題的完整構想，關心幫助香港解決民生困難，如親自批示供港淡水工程、保障香港"菜籃子"供應等。他始終牽掛香港這顆"東方之珠"，直到臨終前不久，還重申對香港的特殊政策，指示香港收復後可在一定時期內實行資本主義。今天"一國兩制"在香港的成功實踐，周恩來等老一代革命家奠定的基礎功不可沒。回顧香港回歸的歷史進程，不僅凝聚著他們對香港的濃濃深情，也凝結了他們的高瞻遠矚和一系列英明決策。

爲此，在周恩來總理120周年誕辰之際，紫荊雜誌社聯合香港僑界社團聯會、淮安市委宣傳部、淮安周恩來紀念地管理局，於5月8日至11日，在香港會展中心新翼舉辦"人民總理周恩來——紀念周恩來誕辰120周年（香港）大型展覽"，以向香港市民展現一個眞實的周恩來和老一輩無產階級革命家爲創建新中國所作出的歷史貢獻，進一步增強香港市民尤其是青少年一代對國家與民族的認知。

這次展覽共展出500多張珍貴歷史圖片和119件相關實物，聚焦周恩來一生經典歷史時刻，眞實再現周恩來總理的卓越功勳與不平凡的一生，以及他和夫人鄧穎超在革命、建國、外交、和平事業上所作出的巨大貢獻與犧牲。

爲這次展覽擔任導賞員的是由"香港學生活動委員會"遴選的140餘名優秀香港中學生，他們在展覽前接受了周恩來專業研究機構提供的培訓。在展覽現場，他們用粵語向香港觀眾進行整個展覽的解說，介紹當年鮮爲人知的國家決策背後的故事、周總理豐富多彩的外交實踐，以及與夫人鄧穎超感人的生活點滴。

展覽期間，全國政協副主席董建華，香港特區行政長官林鄭月娥，中央政府駐港聯絡辦主任王志民，全國政協港澳台僑委員會副主任裘援平，外交部駐港特派員公署特派員謝鋒，中國人民解放軍駐香港部隊司令員譚本宏，香港特區立法會主席梁君彥，周恩來侄女周秉德、周秉建等親臨展覽現場，3萬多名香港各界人士前往參觀，約60家主流媒體及機構發出報道文章150餘篇。展覽引起香港社會強烈情感共鳴，掀起了一股周恩來熱潮。

爲讓更多的人感受這次展覽的盛況，進一步緬懷周恩來總理爲國家、爲人民鞠躬盡瘁的一生，我們特意編輯了這本畫冊，以饗讀者。

"紀念周恩來誕辰120周年（香港）大型展覽"組委會主席

紫荊雜誌社社長、總編輯

2018年8月

目　錄

中共中央舉行紀念周恩來同志誕辰120周年座談會

（2018年3月1日）

　　新華社北京3月1日電（記者吳晶 黃小希）中共中央1日上午在人民大會堂舉行座談會，紀念周恩來同志誕辰120周年。中共中央總書記、國家主席、中央軍委主席習近平發表重要講話強調，新時代中國特色社會主義的航線已經明確，中華民族偉大復興的巨輪正在乘風破浪前行。周恩來同志青年時代曾經寫下這樣的寄語：「願相會於中華騰飛世界時。」今天，我們可以告慰周恩來同志等老一輩革命家的是：近代以來久經磨難的中華民族迎來了從站起來、富起來到強起來的偉大飛躍。周恩來同志生前念茲在茲的中國現代化的宏偉目標，一定能夠在不遠的將來完全實現。

　　中共中央政治局常委李克強主持座談會，中共中央政治局常委栗戰書、汪洋、王滬寧、趙樂際、韓正出席座談會。

　　習近平在講話中強調，周恩來，這是一個光榮的名字、不朽的名字。每當我們提起這個名字就感到很溫暖、很自豪。周恩來同志在為中國人民謀幸福、為中華民族謀復興、為人類進步事業而奮鬥的光輝一生中建立的卓著功勳、展現的崇高風範，深深銘刻在中國各族人民心中，也深深銘刻在全世界追求和平與正義的人們心中。

　　習近平指出，周恩來同志半個多世紀奮鬥的人生歷程是中國共產黨不忘初心、牢記使命歷史的一個生動縮影，是新中國孕育、誕生、成長和取得崇高國際威望歷史的一個生動縮影，是中國人民在自己選擇的革命和建設道路上艱辛探索、不斷開拓、凱歌行進歷史的一個生動縮影。周恩來同志是近代以來中華民族的一顆璀璨巨星，是中國共產黨人的一面不朽旗幟。周恩來同志的崇高精神、高尚品德、偉大風範，感召和哺育著一代又一代中國共產黨人。周恩來同志身上展現出來的中國共產

黨人的崇高精神，是歷史的，也是時代的，將激勵我們在新時代堅持和發展中國特色社會主義征程上奮勇前進。

習近平強調，周恩來同志是不忘初心、堅守信仰的傑出楷模。理想信念是中國共產黨人的政治靈魂。中國共產黨能夠歷經挫折而不斷奮起，歷盡苦難而淬火成鋼，歸根到底在於千千萬萬中國共產黨人心中的遠大理想和革命信念始終堅定執著，始終閃耀著火熱的光芒。我們要向周恩來同志學習，不要忘記我們是共產黨人，不要忘記我們是革命者，任何時候都不要喪失理想信念，用自己的實際行動堅持和發展中國特色社會主義，爲實現共產主義遠大理想而努力奮鬥。

習近平指出，周恩來同志是對黨忠誠、維護大局的傑出楷模。我們要向周恩來同志學習，始終嚴守黨的政治紀律和政治規矩，自覺維護黨的團結統一，自覺在思想上政治上行動上同黨中央保持高度一致，堅定執行黨的政治路線，把對黨忠誠、爲黨分憂、爲黨盡職、爲民造福作爲根本政治擔當，永葆共產黨人政治本色。

習近平強調，周恩來同志是熱愛人民、勤政爲民的傑出楷模。“人民總理愛人民，人民總理人民愛”，人民群衆用樸素的語言表達了對周恩來同志最眞摯的感情。我們黨來自人民、植根人民、服務人民，一旦脫離群衆，就會失去生命力。我們要向周恩來同志學習，堅持立黨爲公、執政爲民，自覺踐行全心全意爲人民服務

的根本宗旨，把黨的群衆路線貫徹到治國理政全部活動之中，把人民對美好生活的向往作爲奮鬥目標，依靠人民創造歷史偉業。

習近平指出，周恩來同志是自我革命、永遠奮鬥的傑出楷模。我們黨要始終成爲馬克思主義執政黨，自身必須始終過硬。我們要向周恩來同志學習，更加自覺地堅定黨性原則，發揚徹底的自我革命精神，不斷增強黨自我淨化、自我完善、自我革新、自我提高的能力，不斷增強本領，不斷增強黨的政治領導力、思想引領力、群衆組織力、社會號召力，確保我們黨永葆旺盛生命力和強大戰鬥力。

習近平強調，周恩來同志是勇於擔當、鞠躬盡瘁的傑出楷模。我們要向周恩來同志學習，敢於擔當責任，勇於直面矛盾，善於解決問題，以時不我待、只爭朝夕的精神，以釘釘子精神落實好黨的十九大作出的各項戰略部署，努力創造經得起實踐、人民、歷史檢驗的實績，無愧於時代，無愧於人民，無愧於歷史。

習近平指出，周恩來同志是嚴於律己、清正廉潔的傑出楷模。黨的作風是黨的形象。我們要向周恩來同志學習，牢記手中的權力是黨和人民賦予的，是用來爲人民服務的，一身正氣，兩袖清風，自覺接受監督，敬畏人民、敬畏組織、敬畏法紀，拒腐蝕、永不沾，決不搞特權，決不以權謀私，做一個堂堂正正的共產黨人。

李克強在主持座談會時說，習近平總書記的重要講話，回顧了周恩來同志偉大、光榮的一生，高度評價了周恩來同志的豐功偉績，號召全

黨全國人民學習周恩來同志的崇高品德和精神風範，對於指導我們黨把周恩來同志等老一輩革命家所開創的偉大事業繼續推向前進，在新時代堅持和發展中國特色社會主義，具有重大意義。各地區各部門要結合實際認眞學習、深刻領會、切實貫徹。要緊密團結在以習近平同志爲核心的黨中央周圍，在習近平新時代中國特色社會主義思想指引下，按照黨的十九大的戰略部署，銳意進取、埋頭苦幹，爲決勝全面建成小康社會、奪取新時代中國特色社會主義偉大勝利、實現中華民族偉大復興的中國夢而努力奮鬥。

座談會上，中央文獻研究室主任冷溶，中央黨史研究室主任曲青山，國務院副秘書長丁學東，全國政協副秘書長潘立剛，中央軍委委員、中央軍委政治工作部主任苗華，江蘇省委書記婁勤儉先後發言。

部分中共中央政治局委員、中央書記處書記，部分全國人大常委會、國務院、全國政協、中央軍委領導同志，中央黨政軍群有關部門、北京市、江蘇省委負責同志，周恩來同志親屬、生前友好、原身邊工作人員和家鄉代表等出席了座談會。

香港特別行政區行政長官
林鄭月娥致辭

（ 2018年5月8日 ）

尊敬的王志民主任、尊敬的裘援平副主任、謝鋒特派員、譚本宏司令員、周秉德女士、周秉建女士、余國春先生，各位嘉賓、各位朋友：

大家下午好！今天我很高興出席由紫荊雜誌社舉辦的"紀念周恩來誕辰120周年（香港）大型展覽"的開幕典禮，與各位一同以尊敬的心，緬懷周恩來總理。對我來說，紀念周恩來總理更有特別意義：周總理畢生為人民服務，是公僕典範，是我們作為公職人員的學習榜樣。

國家主席習近平早前說道："周恩來，這是一個光榮的名字、不朽的名字。每當我們提起這個名字就感到很溫暖、很自豪。"周總理在一九七六年去世時，我是一個在香港土生土長的中學生，可以說沒有在學校學習中認識周總理。我首次最深刻接觸有關周總理的生平，是一九七九年我參加香港大學學生會交流團，到北京與清華大學交流，有一天跑到在天安門東側的中國革命歷史博物館（即今天的國家博物館）參觀。由於當時是周總理去世三年多，我記得有一個詳細介紹周總理生平的專題展覽，講解員是一個年紀比我大一點的女孩，她介紹到了總理身患重病還日理萬機，操勞國事，就不斷地哭了起來，我也被這位"人民總理"的事蹟深深感動。其後我就多看了有關周總理的書，對他的勤奮為公、外交風采、待人之道等特質，深深敬仰；對他和鄧穎超女士——也是總理口中的"小超"——的恩愛情意，我深被打動。

作為中華人民共和國的開國元勳，周恩來總理擔任總理長達二十六年，對國家建設作出巨大貢獻；他勤政愛民、清正廉潔的形象深入民心，深受人民愛戴敬重，因此有"人民總理"的美譽，是中國人民心目中溫暖的、自豪的領袖。周恩來總理曾說過："我們國家的幹部是人民的公僕，應該和群眾同甘苦，共命運。如果圖享受，怕艱苦，甚至走後門，特殊化，那是會引起群眾公憤的。"總理那種"急群眾之所急，憂群眾之所憂"的奉獻精神，以及嚴以律己的處世之道是歷久常新的，也是我們每一個從政者必須牢記和力行的。

今年是周恩來總理誕辰120周年，國內不少地方也舉辦紀念活動，讓大眾重溫他的風采和光輝事蹟，並藉以弘揚其為家國人民竭誠服務的無私精神。周恩來總理是新中國外交事業的主要奠基者之一，為香港回歸祖國做了大量基礎性、開拓性工作。我感謝紫荊雜誌社在中央人民政府駐港聯絡辦公室、中國人民解放軍駐香港部隊，以及外交部駐港特派員公署等機構的支持及協助下，在香港舉辦這個大型展覽，讓香港市民大眾亦有機會透過珍貴的展品和歷史圖片、資料，對周總理這位近代史上舉足輕重的開國領導人物，以及國家的歷史有更深入的認識。

最後我謹祝展覽會圓滿成功，並祝大家身體健康。謝謝大家。

中央政府駐港聯絡辦主任
王志民致辭

——深情緬懷周總理香江情緣
續寫香港 "一國兩制" 成功實踐新篇章

（2018年5月8日）

尊敬的林鄭月娥行政長官、裘援平副主任、謝鋒特派員、譚本宏司令員，尊敬的周秉德大姐，各位來賓：

大家下午好！今天我們懷著十分崇敬的心情，在香港舉辦"紀念周恩來誕辰120周年"大型展覽，深情緬懷我們敬愛的人民總理周恩來。這次展出的500多張珍貴歷史圖片和100多件實物，忠實再現了周總理爲共產主義理想不懈奮鬥的光輝一生、爲中華民族和中國人民鞠躬盡瘁的感人事蹟，也讓我們重溫周總理情繫香江、造福港人的深厚情懷，追思和學習他的崇高精神、高尚品德、偉大風範。

今年3月1日，習近平總書記在紀念周恩來同志誕辰120周年座談會上發表的重要講話中深情地說："周恩來，這是一個光榮的名字、不朽的名字。每當我們提起這個名字就感到很溫暖、很自豪。周恩來同志在爲中國人民謀幸福、爲中華民族謀復興、爲人類進步事業而奮鬥的光輝一生中建立的卓著功勳、展現的崇高風範，深深銘刻在中國各族人民心中，也深深銘刻在全世界追求和平與正義的人們心中。"周總理在青少年時就立下"爲中華之崛起而讀書"、"願相會於中華騰飛世界時"的遠大志向，將個人的發展與國家民族的命運緊密相連，將一生獻給了中國人民的解放事業和社會主義事業。他擔任新中國總理26年，爲積極探索符合中國國情的社會主義建設道路、推進社會主義革命和建設事業作出了不可磨滅的貢獻。周總理從沒有利用自己的權力爲自己或親朋好友謀過半點私利，身後沒有留下任何個人財產，更留下遺囑不保留骨灰，而是撒進祖國的江海大地，反映了他與中國人民永遠在一起的情懷。周總理半個多世紀奮鬥的人生歷程，是中

國共產黨不忘初心、牢記使命歷史的一個生動縮影，是新中國孕育、誕生、成長和贏得崇高國際威望歷史的一個生動縮影，是中國人民在自己選擇的革命和建設道路上艱辛探索、不斷開拓、凱歌行進歷史的一個生動縮影。他是我們中國共產黨人的傑出楷模，是所有中華兒女的光輝榜樣，他身上所展現的中國共產黨人的崇高精神，是歷史的，也是時代的，是中國的，也是世界的。周總理無愧是中國人民衷心愛戴的好總理，是我們深深懷念的好總理！

我們深深懷念周總理與香港深厚的歷史情緣和戰鬥情誼，懷念他始終高度重視香港對國家、對民族事業的重要地位和作用。上世紀20年代，年輕的周恩來同志因革命需要三度來香港，中環、上環、油麻地等地都留下了他的足跡。1941年12月25日，日本侵略軍佔領香港後，時任中共中央南方局書記的周恩來，緊急部署"秘密大營救"，強調必須不惜一切代價、想盡一切辦法把困留在香港的愛國民主人士、文化精英及國際友人搶救出來，轉移到安全地帶，並對營救路線、撤離安排和善後安置作出一系列指示部署。這一曾被茅盾稱爲"抗戰以來最偉大的搶救工作"前後歷時11個月，行程逾萬里，跨越十餘省，先後營救出鄒韜奮、茅盾、柳亞子、戈寶權、張友漁、高士其、夏衍、廖沫沙等800多人，接應2,000多名愛國華僑和港澳青年回內地參加抗戰，充分體現了中國共產黨在中華民族深重危難時刻，與愛國知識分子患難與共、血肉相連、肝膽相照的親密關係，促進了中國共產黨積極倡導和領導推動的中華民族抗日統一戰線，對奪取抗戰偉大勝利具有重大歷史意義。解放戰爭取得全面勝利前夕，爲了同各民主黨派和愛國民主人士一起共商國家大計，周總理親自指示接送在香港的民主人士進

入解放區參加籌備中國人民政治協商會議的工作。由於當時香港與解放區之間的陸路和空中交通都已中斷，周總理為設計民主人士的北上路線傾注心血、多方斡旋、周密部署，籌劃了從香港坐船到遼寧大連、營口的海上通道，用將近一年的時間先後護送了中國國民黨革命委員會李濟深、何香凝，中國民主同盟沈鈞儒、章伯鈞，中國民主促進會馮敘倫、王紹鏊，中國致公黨陳其尤，中國農工民主黨彭澤民，中國人民救國會李章達、中國國民黨民主促進會蔡廷鍇，三民主義同志聯合會譚平山，無黨派民主人士郭沫若等民主人士安全抵達解放區，夯實了中國共產黨大力倡導和堅定領導的最廣泛的人民民主統一戰線，為成功召開中國人民政治協商會議第一屆全體會議，為新中國的誕生和形成中國共產黨領導的多黨合作和政治協商制度這一國家基本政治制度，創造了積極的條件。

我們深深懷念周總理心繫祖國統一大業的歷史擔當，懷念他始終為適時恢復對香港行使主權和實現平穩順利回歸運籌謀劃、殫精竭慮。周總理始終堅持祖國統一，對解決歷史遺留的香港問題，付出了巨大的心血，做了大量基礎性和開拓性的謀劃工作。全國解放時，解放軍勢如破竹，飲馬深圳河畔。以毛澤東同志為核心的黨的第一代中央領導集體審時度勢作出"長期打算、充分利用"的戰略決策，使香港進入一個新的歷史階段。周總理是這一決策的主要參與者和忠實執行者。1956年，他在會見中華醫學會議港澳師生代表團時表示，香港問題"維持現狀，不是永遠不管，否則對不起祖宗，對不起子孫”。1957年4月，他在上海工商界人士座談會上指出，“我們對香港的政策同對內地是不一樣的”，“香港要完全按資本主義制度辦事，才能存在和發展”，“港澳的同胞不要擔心前途問題”。他多次表示，“香港是自由港，應該讓香港起自由港的作用”。20世紀70年代，在會見來華的英國官員和接受外國記者採訪時，周總理多次闡明中國政府對香港的立場，並首次提出解決香港問題的時間表。他指出：香港是中國的領土，總是要收回的；香港問題是歷史遺留下來的問題，條約到期的時候要通過談判、協商解決，不會採取突然行動。周總理這些關於香港問題的深刻論述，很好地體現和堅持了毛澤東港澳戰略思想，並對鄧小平後來提出“一國兩制”方針提供了重要思想基礎，作出了重要的歷史性貢獻。

我們深深懷念周總理熱愛人民、勤政為民的真摯情懷，懷念他始終牽掛香港同胞、關心香港社會民生。上世紀60年代初，在祖國內地剛剛經歷三年自然災害、食品極度匱乏的情況下，為了保障香港同胞的日用品和農副產品供應，他多次指示：“各地凡是有可能，都要負擔一些，不能後退”，“對港澳供應確實是一項政治任務”，並親自拍板作出開通“三趟快車”的決定，向港澳地區風雨無阻地供應市場所需的家禽、家畜、果蔬等鮮活商品，穩定了香港民生的“菜籃子”。自1962年3月20日“三趟快車”分別從武漢、上海和鄭州開行以來，累計供港生豬活牛逾1億頭、家禽10億多只，蔬菜、水果、蛋品不計其數。老一輩香港同胞應該都記得，1963年香港出現60年來最嚴重的水荒，淡水嚴重缺乏，香港同胞的日常生活受到極大困擾，周總理得知後立即指示廣東省委採取措施，幫助香港同胞渡過嚴重的

“制水”難關。雖然當時國家經濟十分困難，但為了長遠解決香港的用水困難，周總理毅然決定修築東江 —— 深圳供水工程，首期工程於1965年3月1日竣工，當年就向香港供水6,000萬立方米，佔當時香港全年用水量的三分之一。“東江供水”和“三趟快車”是“中南海直通香港同胞”的生動寫照，就像香港同胞的生命線，把香港和祖國內地緊緊聯繫在一起，把中央政府對香港的關心、關愛和支持，把祖國人民對香港同胞的深情厚誼源源不絕地輸送到香港，為香港同胞的生活安定和社會繁榮穩定作出了巨大貢獻。

各位嘉賓、各位朋友，習總書記指出：“現在，我們比歷史上任何時期都更接近、更有信心和能力實現中華民族偉大復興的目標。周恩來同志生前念茲在茲的中國現代化的宏偉目標，一定能夠在不遠的將來完全實現。”值此周恩來總理誕辰120周年之際，在他曾經戰鬥工作、始終牽掛關懷的香港，舉辦大型紀念展覽活動很有意義，表達了香港同胞對周總理這位歷史偉人的深深懷念。周總理的崇高信念、高尚人格和堅強品質，必將鼓舞我們凝心聚力，共同為香港的長期繁榮穩定、為中華民族偉大復興的中國夢同心同行、攜手奮鬥！

謝謝大家！

外交部駐港特派員公署
特派員謝鋒致辭

（2018年5月8日）

尊敬的林鄭月娥行政長官、王志民主任、裘援平副主任、譚本宏司令員、周秉德、周秉建女士、楊勇社長，各位朋友：

我懷著十分崇敬的心情出席"紀念周恩來誕辰120周年"大型展覽開幕式，與大家共同緬懷我們的好總理。

周恩來是一個光榮的名字、不朽的名字。他是中華民族的一顆璀璨巨星，是中華傳統美德和中國共產黨優良作風的化身。作為中國外交人員，我們對周總理又有更深一層感情。因為他是我們的首任部長，是新中國外交的創始人和奠基者。

周總理是中國外交的不朽豐碑。總理兼任外長9年，主管中國外交26年，既是決策人、又是指揮者，還是實踐家。從朝鮮停戰到日內瓦會議，從萬隆會議到遍訪亞非，從中日邦交正常化到中美乒乓外交，再到中國恢復聯合國合法席位，他運籌帷幄、身體力行。

周總理是中國外交的光輝旗幟。總理堅持獨立自主是決定中國外交政策、處理國際問題的根本出發點。他創造性地提出指導國與國關係的"和平共處五項原則"，這不僅是中國外交政策的基石，更成為世界公認的國際關係基本準則。他提倡以"求同存異"的戰略思想處理矛盾分歧，反對強加於人。這些閃耀著智慧光芒的外交思想給我們留下了用之不竭的精神寶藏。

周總理是中國外交的傑出楷模。總理把國際公認的外交準則同中國優秀思想文化相結合，形成了獨特的外交藝術和風格。他天下為公、山高水長的偉人風範令人欽佩；他不卑不亢、折衝樽俎的勃勃英姿令人折服；他大仁大義、大智大勇的人格魅力令人傾倒。

周總理生前曾三次踏上香港的土地，中環、上環、九龍都曾留下他的足跡。總理始終牽掛著香港同胞，親自指示修建東深供水工程，開通三趟快車為香港輸送食品。上世紀70年代，總理會見英國代表時明確表示"英國從中國拿走的領土必須歸還，香港要在1997年平穩交接"。香港回歸的歷史進程凝聚著總理的高瞻遠矚和對香港同胞的濃濃深情。

今天，我們可以告慰總理的是，香港已經順利回歸祖國，"一國兩制"從科學構想變為成功實踐。香港自身特色和優勢得以保持，中西合璧的風采浪漫依然，活力之都的魅力更勝往昔。

今天，我們可以告慰總理的是，中國特色大國外交砥礪奮進，中國國際地位前所未有地提升，國際影響力、感召力、塑造力進一步提高。我們正在習近平外交思想引領下，推動構建新型國際關係，構建人類命運共同體，做世界和平的建設者、全球發展的貢獻者、國際秩序的維護者。

今天，我們可以告慰總理的是，中華民族正經歷從站起來、富起來到強起來的歷史飛躍，我們前所未有地走近世界舞台中心，前所未有地接近中華民族偉大復興的目標。總理念茲在茲的中華崛起和中國現代化的宏偉目標一定能在不久的將來實現。

周總理雖然離開我們42年了，但他永遠活在我們心中，永遠活在中國人民和世界人民的心中。總理為中國人民謀幸福、為中華民族謀復興、為人類進步事業奮鬥的卓著功勳和崇高精神將永遠激勵我們為實現中華民族偉大復興的中國夢、為實現世界持久和平與發展作出新的更大貢獻。

敬愛的周總理永垂不朽！

周恩來 紀念周恩來誕辰120周年（香港）大型展覽

組委會主席、全國政協常委、香港僑界社團聯會會長余國春致辭

（2018年5月8日）

尊敬的林鄭月娥行政長官、王志民主任、裘援平副主任、謝鋒特派員、譚本宏司令員、楊健副主任、周秉德女士、楊勇社長，各位嘉賓，各位朋友，大家下午好！

我謹代表組委會感謝大家出席今天的開幕式，和我們一起紀念周恩來總理誕辰120周年，深切緬懷和重溫周總理的卓著功勳和崇高風範。

周總理一生鞠躬盡瘁，不僅爲解決香港、澳門和台灣問題做了大量基礎性、開拓性的工作，更是新中國僑務政策的奠基人。周總理與香港有著深厚的情緣。在周恩來的關心和指示下，抗日戰爭時期，八路軍駐香港辦事處將廣大華僑捐助的款項和物資轉運內地，及時支援抗戰前線；周恩來心繫滯留香港的抗日文化名人，在他的關心下，廖安祥等前輩在敵軍的炮火中英勇地展開"秘密大營救"，先後救出了八百位民主和文化人士；新中國成立後，周總理還直接主導了支持香港經濟社會發展、造福港人的各項具體措施，包括廣交會、東江水供港等等；周總理更是念念不忘祖國統一大業，爲香港回歸傾注了很多心血，讓港人永誌不忘。

今天，我們特別在香港舉辦"紀念周恩來誕辰120周年香港大型展覽"，以500多張珍貴的歷史圖片、100多件相關文獻及實物以及多部歷史影片，回顧周總理光輝偉大的一生，讓更多的香港市民、尤其是年輕一輩深入了解和認識老一輩無產階級革命家爲祖國、爲"一國兩制"事業畢生奮鬥的精神，激勵更多的人不忘初心，堅定理想，在新時代的征程中敢於擔當，奮勇前進。

本次活動由紫荊雜誌社、香港僑界社團聯會、江蘇淮安市委宣傳部、淮安周恩來紀念地管理局聯合主辦，並很榮幸得到了全國政協港澳台僑委員會、中央政府駐港聯絡辦、外交部駐港特派員公署、香港特區政府民政事務局、中共淮安市委等單位的支持和指導。我們還要特別感謝香港華倫集團有限公司、香港梅州聯會、華潤（集團）有限公司、中國銀行（香港）有限公司、意得集團有限公司、山東新潮能源股份有限公司、華懋集團、香港長者文化交流促進會、正大貿易（香港）有限公司對本次活動的大力支持；感謝在座各大社團領袖和成員們爲本次活動的成功舉辦所付出的努力和貢獻。

周總理青年時曾寫下這樣的寄語，"願相會於中華騰飛世界時"。今天，我們比歷史上任何時期都更接近、更有信心和能力實現中華民族偉大復興的目標。當代的青年正以奮發的姿態，勇於創新，昂首闊步邁入新時代。本次展覽期間，將有140多名優秀的香港中學生擔任義工和導賞員，我們相信，通過這些年輕人所講述的不凡歷史和他們所展現的青年風采，將激勵更多年輕人爲實現新時代的夢想而努力奮鬥！

最後，預祝本次活動圓滿成功！謝謝大家！

組委會榮譽主席、第十屆全國政協委員
周恩來侄女周秉德致辭

（2018年5月8日）

尊敬的林鄭月娥行政長官、王志民主任、裘援平副主任、謝鋒特派員、譚本宏司令員、楊健副主任，各位領導，各位代表，女士們、先生們：

大家下午好！

很高興來到祖國的東方明珠——香港，參加這個由香港紫荊雜誌社、香港僑界社團聯會、淮安市委和淮安周恩來紀念地管理局聯合舉辦的周恩來大型展覽活動。借此機會，我向組委會主席香港僑界社團聯會會長余國春先生、組委會主席紫荊雜誌社社長總編輯楊勇先生、組委會主席香港華倫集團董事長林克倫先生、組委會主席淮安市委宣傳部長周毅先生等愛國人士，對這次展覽的大力支持表示衷心地感謝！

今年，我的伯父周恩來先生恰逢誕辰120周年，中央在3月1日舉辦了隆重的紀念座談會。一些地方和民間團體也紛紛舉辦了各種形式的紀念活動，廣泛熱情地表達了廣大民眾對周恩來先生的懷念與崇敬。

恩來先生與香港有著不解之緣，這裡既是他革命早期充分利用的愛國陣地，也是他生前念念不忘的地方。他青年時代赴歐洲勤工儉學時路過香港，留下了"將來革命成功了，祖國強大了，我們一定要收回香港"的豪情壯志；1927年秋他到香港治病約二十天，在住地會見革命同志，秘密召集會議，撒播革命火種；1928年，他赴港主持廣東省委擴大會議，中環、上環、九龍等地都留下了他戰鬥的足跡。新中國成立後，他雖再未到過香港，但他對香港經濟的發展和社會民生的冷暖一直牽掛於心，對香港的未來作出了精心謀劃，提出了許多重要構想。他配合毛澤東同志，制定了解決香港問題的特殊方針政策，為"一國兩制"構想奠定了理論和實踐基礎；為應對香港60年代嚴重水荒，下令修築東江——深圳供水工程，長遠解決了香港民眾用水難題；還親自批准創設"廣交會"，為推動香港與內地的貿易發展發揮了重要的作用。特別是在他病重期間，他還念念不忘香港的這片土地、不忘香港的老朋友們。直到臨終，香港回歸仍是他一個放不下的心結。

今天，我站在已經回歸祖國21年的香港這片土地上，看到香港政治穩定、經濟繁榮、社會和諧，深感十分欣慰。我想，如果恩來先生地下有知，看到如此，一定會含笑九泉的。

習近平同志最近指出，"周恩來，這是一個光榮的名字、不朽的名字。每當我們提起這個名字就感到很溫暖、很自豪。周恩來同志在為中國人民謀幸福、為中華民族謀復興、為人類進步事業而奮鬥的光輝一生中建立的卓著功勳、展現的崇高風範，深深銘刻在中國各族人民心中，也深深銘刻在全世界追求和平與正義的人們心中。"我相信，通過今天的這個展覽，為港澳同胞及海外僑胞，尤其是青少年對國家和民族的認知、對中華民族偉大復興的認同與責任，都具有很深遠的意義。

再次感謝香港社會各界對這次展覽的舉辦付出的辛勞和汗水！

最後我代表恩來先生的親屬，衷心地祝願香港的明天更美好！祝願香港的同胞更幸福、更美滿！

謝謝大家！

周公與祖父林修雍的感人情誼

組委會主席　林克倫

　　潮汕地區人傑地靈，歷史悠久。在中國近代革命史上，潮汕地位更是不可忽視，很多英勇正義的革命志士在潮汕領導開展的革命活動都載入了史冊。著名潮汕革命家林修雍、彭湃、楊石魂等，就是其中的傑出的代表。上世紀20年代，他們直接受主政廣東東江的周恩來領導，積極投身潮汕農工運動，開辦東江農工運動宣傳員養成所，先後培養了大批農工運動骨幹，對推動如火如荼的潮梅地區農民運動起到了積極的作用。他們與中國傑出革命家、共和國開國總理周恩來的革命情誼，也一直為後人所稱頌。我的祖父林修雍，就是當年周公主政廣東東江時期親自任命的廣東東江各屬行政公署第二科科長和東江農工運動宣傳員養成所所長。我很小的時候，就經常聽伯父、姑姑、父親、叔叔等前輩多次講述周公與祖父之間的感人情誼，印象非常深刻。藉此"紀念周恩來誕辰120周年（香港）大型展覽"之際，特將其中一些片段撰寫成文，與大家一起深切懷念我們敬愛的人民總理——周恩來。

祖父畢業於北京法政大學

　　祖父林修雍生於1894年，又名林浩如，號漁父。澄海縣溪南鎮人，早年畢業於北京法政大學政治經濟系，屬國民黨左派人物。祖父的岳父曾習經，為晚清"嶺南詩詞四大家"之一，與近代著名思想家梁啓超為同窗好友，並同朝為官，曆官至度支部右丞。由於晚清易代之際婉拒袁世凱高官厚祿之重邀，氣節令朝野同僚所欽敬，被梁啓超譽為"晚清易代第一完人"。

　　祖父早年在北京法政大學政治經濟系研修之際，與曾習經女兒相識相知。其時祖母亦在北京女子師範大學專修教育學，為該校第一屆畢業生。在那個年代，受過如此高等教育的女性，可謂是鳳毛麟角。

　　這層姻親關係，使祖父在仕途頗為通暢，畢業後先後任湘軍總指揮參議，孫中山大元帥府特派潮州善後委員會委員，國民黨汕頭市第一、第二屆執行委員，廣東行政廳潮州沙田局局長等職，甚是一帆風順。

周公親任東江公署第二科長

　　1924年，周公以黃埔軍校政治部主任身份參與領導右路軍進行東征。正義之師，所向披靡，東征軍1925年3月上旬進佔潮汕，第一次東征取得勝利。1926年，周公主政東江，負責潮梅地區包括惠州在內的25個縣的行政工作。在任期間懲治腐敗，舉賢任能，讓一批革命左派人士執掌東江基層政權。

作為從北京法政大學畢業的國民黨開明左派人士，祖父受孫中山先生"三民主義"思想影響，追求民主、自由與平等，深得周公賞識，親自委以東江各屬行政公署第二科科長和東江農工運動宣傳員養成所所長等職，協助周公推行新政，支持工農群眾革命運動，籌資辦學，深得人心。

據現年96歲的原地下黨員、姑姑林世貞回憶：1926-1927年間，周公攜夫人鄧穎超在潮汕地區開展工作時，經常住在祖父家裏，對姑姑、伯父、父親和叔叔等林家幾個孩子都非常喜歡，經常逗她和伯父、父親、叔叔玩，讓孩子們用潮州話叫他倆"叔叔"、"嬸嬸"。周公夫人鄧穎超與祖母更是情同姐妹，經常一起煮茶論道，讀書娛樂，其樂融融。

在我很小的時候，還曾聽伯父多次講過：周公夫婦非常欣賞祖母的才華，曾多次邀祖母出任周公管轄的東江25個縣中的某一縣長。據說在周公擔任廣東東江各屬行政委員、負責東江25個縣行政工作之前，潮梅惠各地官府各自為政、腐敗盛行。周公到任之後，嚴懲腐敗，不到一年除去了近20位不合格縣長職務，並舉賢任能，讓一批有能力的革命左派人士執掌東江基層政權。但當時祖父母已有伯父、姑姑、父親、叔叔等數名子女，祖母雖為京城女子師範大學畢業生，但潮汕女性特有的賢良淑德，讓她自然而然選擇了深居簡出、相夫益子的家庭主婦角色，因此多次婉辭周公夫婦的盛情邀請。

辦講習所　培養人批革命骨幹

1926年7月，根據中共廣東區委和周恩來指示，東江農工運動宣傳員養成所在汕頭成立，祖父被周公任命為所長，並親自上課，主講《國民革命與農工運動》。期間羅明任教務主任，彭湃、楊石魂、林甦等為該所講師。養成所先後培養了一大批農工運動骨幹，結業後即赴東江各地領導開展轟轟烈烈的農工運動。很多人後來都成長為黨的優秀幹部。

但非常不幸的是，由於之後國共合作的徹底決裂，蔣介石推行武力剿共政策，當初曾經與林修

雍一起共同推動農工運動的潮汕知名共產黨人士，很多都被捕犧牲。其中楊石魂於1929年5月在武漢工作中遭敵人圍捕，不久被殺害，年僅27歲。彭湃則由於叛徒出賣，1929年8月24日在上海被捕，6天後即被秘密槍殺於上海龍華刑場，時年33歲。國共分裂後，祖父深居潮汕，歷任澄海、揭陽、陸豐等縣縣長，甚少外出，但還是沒能躲過國民黨的圍剿行動，1933年3月被以看病喂藥為名，毒害於自家宅院裏。林甦也於同年被捕犧牲。

據姑姑和父親回憶，祖父遇害後，其時已身兼中央蘇區中央局書記、中國工農紅軍總政治委員、中央革命軍事委員會副主席等數職於一身的周公，百忙中依然不忘張羅祖父後事，並親囑汕頭友人妥善安排林家生活。

浩然正氣改"浩如亭"為"浩然亭"

祖父為官非常清廉，每月官俸基本都交付祖母作為全家老少的家用。偶有所餘，亦是樂善好捐，多用於公益。在潮汕地區，流傳最廣的還有祖父與汕頭中山公園的故事：1926年汕頭中山公園奠基興建，祖父為主要籌建人之一，任公園籌建委員會常委。公園東邊有一座由十六柱重檐廡殿頂的長方形涼亭，氣勢恢宏，落落大方。建亭之初，公園建園委員會為表彰祖父對建園的貢獻，特將該亭命名為"浩如亭"。但祖父婉言謝絕，並親筆為該亭題名為"浩然亭"。1933年3月祖父遇害，追悼會就在浩然亭前舉行。

從"浩如"到"浩然"，一字之改，字簡意深。祖父不以個人留名為榮，只願天地間浩然正氣感召千萬人。在那個硝煙四起的革命年代，潮汕地區這些有志之士在周公革命理想和鬥志的激勵下，只有一個共同目標：改變國家貧弱局面，建立一個平等公平、讓百姓安居樂業的國家和社會。共同的信仰讓他們團結一致，甘願為理想奉獻一切，這也正是他們面對生死毫不畏懼的原因。他們為民族大義所獻出的一切，正如浩然正氣，長存天地之間。

展覽前言

　　周恩來是偉大的馬克思主義者，偉大的無產階級革命家、政治家、軍事家和外交家，是以毛澤東同志為核心的中國共產黨第一代中央領導集體的重要成員，中國共產黨的主要領導人之一，中國人民解放軍主要創建人之一，中華人民共和國的開國元勳、開國總理。

　　周恩來半個多世紀的奮鬥歷史，是中國共產黨歷史的一個縮影，是新中國孕育、誕生、成長和取得崇高國際威望的歷史的一個縮影。他參與了中國共產黨各個歷史時期幾乎所有重大決策的制定和組織實施，為中國革命的勝利出生入死，為社會主義建設事業鞠躬盡瘁。他毫無保留地把全部精力奉獻給了黨、國家和人民，直至生命的最後一刻。在他身上集中體現了中華民族的傳統美德和中國共產黨人的高風亮節。周恩來是中國共產黨的楷模，是對中華民族的解放和新中國建設建立了不朽功勳的民族英雄，是對二十世紀世界歷史產生重大影響的一代偉人。

　　值此周恩來誕辰120周年之際，謹以此展覽紀念這位歷史偉人。

第一部分

求學立志

　　1898年3月5日，周恩來出生在江蘇淮安。當時的中國，遭受列強欺凌和封建統治的雙重壓迫，內憂外患，苦難深重。周恩來童年飽嘗生活艱辛，少年立志"爲中華之崛起而讀書"。青年時代，他東渡日本，探尋救國之道。回國後，投身五四愛國運動。1920年冬，周恩來赴歐洲勤工儉學，在推求比較中確立共產主義信仰，並於1921年春參加中國共產黨八個發起組之一的旅法中共早期組織，成爲中國共產黨最早的黨員之一。他一生堅守著"我認的主義一定是不變了，並且很堅決地要爲他宣傳奔走"的誓言。

1898年3月5日（農曆二月十三），周恩來出生於江蘇淮安。圖為童年時期的周恩來。

1911年一次修身課上，當老師提出"為什麼而讀書"時，周恩來回答："為中華之崛起！"圖為《為中華之崛起而讀書》油畫。

▲ 1917年，周恩來（二排右三）南開中學畢業照。

◀ 1919年4月6日，周恩來（前排左二）與
同學在京都合影。

▼ 1919年9月，周恩來在天津參與發起成立覺悟
社。這是覺悟社部分成員合影（後排右起：周
恩來、胡維憲、郭隆眞、李錫錦、馬駿、潘述
庵、諶小岑，前排右起：李震瀛、劉清揚、鄧
穎超、周之廉、鄭季清、薛撼嶽、諶志篤）。

▲ 1922年成立中國少年共產黨合影。

▲ 1924年旅歐中國共產主義青年團部分成員在巴黎合影。前排左四為周恩來，左一為聶榮臻，左六為李富春；後排右三為鄧小平。

第二部分

革命歷程

在大革命的洪流中，周恩來在黃埔軍校首創軍隊政治工作制度。1927年7月，他參加中共中央核心領導，從此在黨內一直發揮重要作用。他領導發動南昌起義，是人民軍隊的主要創建人之一。他推動農村包圍城市道路的形成，堅持並創造性地開展黨在白區的秘密工作。他和朱德成功地指揮了第四次"反圍剿"鬥爭，在遵義會議上支持毛澤東的正確主張，為挽救處於危難中的黨和紅軍發揮重要作用。全面抗戰爆發前後，他不辱使命促成西安事變和平解決，此後長期戰鬥在國民黨統治區，同國民黨進行艱難談判，推動建立、發展和維護了抗日民族統一戰線。解放戰爭中，他協助毛澤東指揮改變中國命運的戰略大決戰，領導國統區的愛國民主運動，形成配合人民解放戰爭的第二條戰線。他不辭辛苦主持籌備召開新政協，起草具有憲法意義的《共同綱領》。在探索中國革命道路的進程中，他為締造新中國做出不可磨滅的貢獻。

▲ 1924年9月，周恩來回到廣州，10月擔
任中共廣東區委委員長兼宣傳部部
長。11月，就任黃埔軍校政治部主
任。圖為擔任黃埔軍校政治部主任
時的周恩來。

▲ 1927年8月1日，中共前敵委員會書記周恩來和賀龍、葉挺、朱德、劉伯承等
在江西南昌領導武裝起義，打響了武裝反抗國民黨反動派的第一槍，標誌
著中國共產黨獨立領導革命戰爭、創建人民軍隊和武裝奪取政權的開始。

▼ 長征勝利到達陝北後周恩來與毛澤
東（右一）、朱德（右二）、博古
（左一）的合影。

▲ 西安事變後，周恩來返抵延安機場，受到
中共中央領導人的歡迎。左起：博古、張
聞天、毛澤東、周恩來、彭德懷、林伯
渠、蕭勁光。

◀ 長征結束後，周恩來到達
陝北。圖為1936年美國記
者埃德加·斯諾在陝北拍
攝的周恩來。

▲ 1944年在延安的周恩來。

▲ 1945年4月至6月，中共七大在延安召開。圖爲周恩來（右一）和毛澤東（右二）在七大會議主席台上。

▲ 1945年8月28日，毛澤東（右二）、周恩來（左一）赴重慶談判前，同國民黨代表張治中（右一）、美國駐華大使赫爾利（左二）在延安合影。

▲ 1946年5月3日，在國民政府宣布還都南京後，周恩來率領中共代表團抵達南京，爲爭取國內和平而奔走。圖爲周恩來和鄧穎超在中共代表團駐地——梅園新村30號院內。

▲ 周恩來協助毛澤東相繼指揮了遼瀋、淮海、平津三大戰役以及渡江戰役並取得徹底勝利。圖爲周恩來和毛澤東在西柏坡運籌決策。

▲ 1947年3月，蔣介石集中34個旅23萬人向陝甘寧邊區大舉進攻，中央作出主動撤離延安的決定。圖爲轉戰陝北前夕，周恩來和毛澤東、朱德在一起。

▲ 周恩來在中國人民政治協商會議第一屆全體會議上作關於《共同綱領》草案起草的報告。

▶ 1949年6月，周恩來在新政協籌備會上發言。

第三部分

建設偉業

　　新中國成立後，周恩來擔任政府總理長達26年，既是國家建設藍圖的主要設計者，又是將它付諸實施的卓越組織者。他較早提出在我國實現"四個現代化"的奮鬥目標和夢想，並為之傾注大量心血。他在對外關係上積極倡導和平共處五項原則和"求同存異"精神，推動和發展了我國同各國的友好合作關係。他特別關心領導水利建設和"兩彈一星"研製，強調"知識分子是社會主義建設事業中取得勝利的不可缺少的重要力量"。他高度重視和堅持黨領導下的多黨合作和政治協商制度，為爭取用和平方式解決港澳台問題"開路播種"。他在政治、經濟、國防、外交、統戰、科技、文化、教育、新聞、衛生、體育等各個領域，作出奠基性的重大貢獻。

▲ 開國大典上的毛澤東和周恩來。

▲ 周恩來是中華人民共和國首任總理。圖為1949年10月1日，周恩來在開國大典上。

◀ 任命周恩來為中央人民政府政務院總理兼外交部部長的任命書。

▲ 1954年4月24日，周恩來率領中國政府代表團出席日內瓦會議，這是新中國第一次登上國際政治舞台。

▲ 1952年8月，周恩來和毛澤東在北京先農壇體育場觀看解放軍體育運動會。

◀ 1954年9月，第一屆全國人民代表大會第一次會議決定周恩來爲國務院總理。

▲ 1955年4月，周恩來在亞非會議上發言。

▲ 1955年，紅線女響應國家號召，從香港回到廣東。圖爲周恩來與紅線女在交談。

▲ 1955年8月7日，周恩來等黨和國家領導人會見了中華全國學生聯合會第十六次全國代表大會代表並和他們合影留念。（前排左起劉瀾濤、陳毅、周恩來、林楓、習仲勳、胡耀邦、胡克實）。

▲ 1956年6月14日，周恩來和毛澤東等黨和國家領導人接見參加全國科學發展規劃工作的科學家。

展覽精粹

1956年6月，周恩來會見出席全國第4次僑務工作會議的代表。

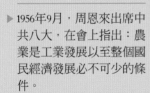

1956年9月，周恩來出席中共八大，在會上指出：農業是工業發展以至整個國民經濟發展必不可少的條件。

1956年7月，周恩來總理在北京中南海接見香港大學師生。

1956年7月27日，周恩來總理（右一）在中南海懷仁堂，與中華醫學會第十八次全國會員代表大會主席團成員及港澳來賓座談。香港的侯寶璋教授（右二）和李崧醫生（右三）被安排坐在周總理身旁。

1957年4月6日，周恩來、鄧穎超在中南海紫光閣同參加全國影聯大會的女演員們合影。右起：王人美、黃宗英、岳愼、夏夢、周恩來、黎莉莉、鄧穎超、舒繡文、白楊、吳茵、宣景琳、上官雲珠、石聯星、于蘭、胡朋。

1958年4月，習仲勳陪同周恩來乘飛機視察三門峽水庫工程。

▲ 1959年4月24日，周恩來總理與載譽歸來的兵乓球世界冠軍容國團親切交談。容國團是由香港回到內地的優秀運動員。

▲ 1960年10月19日，周恩來同原黃埔軍校師生在頤和園合影。（前排左起：周恩來、陳賡、邵力子、張治中、鄭洞國；二排左起：李奇中、黃維、唐生明、覃異之、侯鏡如、杜聿明、周振強； 三排左起：王耀武、楊伯濤、鄭庭笈、周嘉彬、宋希濂。）

▲ 1963年4月，周恩來和鄧穎超同新聞工作者在西花廳院內散步。

▲ 1963年5月12日，周恩來視察東海艦隊。

展覽精粹

▲ 1963年元旦，周恩來在政協全國委員會舉辦的百歲宴上同何香凝握手致意，向她祝壽。

▲ 1963年12月至1964年3月，周恩來訪問了亞非歐14國。圖為周恩來與各國朋友在一起。

▲ 1964年1月，周恩來訪問馬里。左一為莫迪博·凱塔總統。

▲ 1964年10月16日，周恩來在人民大會堂宣布我國第一顆原子彈爆炸成功。

▲ 1964年11月14日，毛澤東（右二）、劉少奇（右一）、朱德（左一）到首都機場迎接參加蘇聯十月革命47周年慶祝活動歸來的周恩來。

▲ 1965年7月20日，周恩來等到首都機場歡迎前國民黨政府代總統李宗仁和夫人郭德潔從海外歸來。

▶ 周恩來曾說，解放後20年我關心兩件事，一個水利，一個上天。圖為60年代的周恩來。

第四部分

晚年歲月

在"文化大革命"極端複雜的特殊環境下，周恩來苦撐危局，以常人難以想象的努力，顧全大局，任勞任怨，全力維護國家工作的正常運轉，維護黨的團結統一。他保護了一大批黨的領導骨幹、民主人士和知識分子，特別是促成和落實以鄧小平爲代表的一大批老幹部的復出，對中央領導層抑制"四人幫"的干擾破壞，爲後來的歷史性轉折準備了條件。他強調"抓革命，促生產"，抵制和糾正極"左"思潮錯誤的影響，盡一切可能減少"文化大革命"造成的損失，在糧食生產、工業交通和尖端科技等方面取得一批重要成就。他協助毛澤東開創外交新格局。在重病纏身的情況下，他仍然忘我工作，無私奉獻，眞正做到了爲人民的利益"鞠躬盡瘁，死而後已"。

▲ 在周恩來的努力下，文革期間中國經濟建設取得了一批新的成果。圖為1973年，周恩來和李先念參觀英國工業技術展覽會。

▲ 1972年2月21日，周恩來在北京首都機場迎接美國總統理查德·尼克松。

▲ 1972年9月，中日邦交實現了正常化。這是周恩來與日本首相田中角榮在北京會晤時的合影。

▶ 1973年7月，周恩來
會見美籍華人物理
學家楊振寧。

▲ 1974年5月，周恩來在釣
魚台國賓館會見英國前
首相希思。

◀ 1974年，周恩來與毛澤
東、鄧小平在中南海毛澤
東書房。根據已有資料，
這是周恩來和毛澤東的最
後一次合影。

1974年10月20日，根據毛澤東建議，四屆人大的籌備工作和人事安排由周恩來主持。圖為1975年1月，周恩來在四屆人大一次會議上重申"四個現代化"的宏偉目標。

▲ 周恩來逝世，聯合國安理會開會時全體人員起立為周恩來默哀。

第五部分

風範永存

　　周恩來對黨和人民無限忠誠，一生保持共產黨人的公僕本色和優良作風。他堅持人民的利益高於一切，始終把自己看作人民的"總服務員"，全心全意為人民服務，始終保持同人民群眾的血肉聯繫。哪裡群眾有困難，他就出現在哪裡，急人民群眾所急，憂人民群眾所憂。他身居高位，不搞特殊化，從來沒有利用手中權力為自己或親友謀一點私利。他艱苦樸素，廉潔奉公，嚴於律己，寬以待人，對親屬和身邊工作人員，關心愛護，嚴格要求。他的崇高精神和高尚人格，是中華民族彌足珍貴的精神財富。

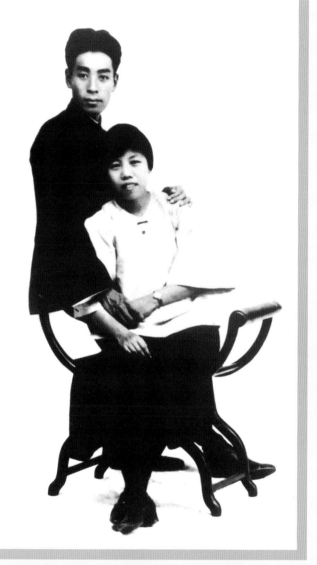

◀ 1925年8月8日，周恩來、鄧穎超在廣州結婚。圖為1926年結婚紀念日在汕頭的合影。

▼ 20世紀50年代，周恩來和鄧穎超在西花廳與親屬合影。

▲ 1950年7月，周恩來、鄧穎超在西花廳與家人合影。前排左起：二弟媳王蘭芬、侄女秉德、侄兒秉華、秉鈞、三弟媳王士琴、侄兒爾輝。後排左起：侄兒榮慶、周恩來、八嬸、鄧穎超、三弟周同宇。

▲ 1951年，周恩來、鄧穎超與侄兒侄女們在頤和園。

▲ 1960年8月，周恩來和鄧穎超在密雲水庫合影。

▼ 1963年，周恩來、鄧小平向售貨員了解情況。

▶ 1965年5月，周恩來同李先念
（右四）、羅瑞卿（右一）
在大寨大隊團支部書記郭鳳
蓮（左前）家中做客。

1966年5月，周恩來觀看大慶職工家屬生產的大南瓜（左一爲王進喜）。

▼ 周恩來開心地牽著兒童。

▶ 周恩來三弟周同宇患胃病，經常請假。周恩來讓周同宇提前退休，用自己工資貼補其生活。圖爲周恩來、鄧穎超同周同宇一家合影。

實物展示

除了圖片展示外，淮安周恩來紀念館還在展覽上展示了67套共119件珍貴實物，包括周恩來總理寫過的書信、穿過的衣服等，從這些實物可以窺見老一輩共產黨人艱苦樸素的工作作風與他們在革命年代的生活細節。

▶ 1954年周恩來出席
　日內瓦會議期間
　穿過的風衣。

▼ 南開學校 "野跑優勝" 三角旗。

▲ 周恩來報名入京都大學
政治經濟選科學習時的
志愿書和履歷書。

▶ 1955年4月12日周恩來致鄧穎超的
信及信封。

▼ 周恩來用過的文具。

展覽盛況

　　5月8-11日，紫荊雜誌社聯合香港僑界社團聯會、淮安市委宣傳部、淮安周恩來紀念地管理局，在香港會展中心成功舉辦了"人民總理周恩來──紀念周恩來誕辰120周年（香港）大型展覽"。這是近年來香港所舉辦的規模最大、規格最高、影響力最廣的周恩來總理紀念活動。展覽期間，全國政協董建華副主席、香港特區林鄭月娥行政長官、中央政府駐港聯絡辦王志民主任等領導親臨展覽現場，3萬多名香港各界人士前往參觀，展覽引起強烈情感共鳴，在香港社會掀起周恩來熱。

開幕典禮

重要嘉賓出席

▲ 香港特別行政區行政長官林鄭月娥出席開幕典禮。　　　　　▲ 中央政府駐港聯絡辦主任王志民出席開幕典禮。

展覽盛況

▲ 外交部駐港特派員公署特派員謝鋒出席開幕典禮。

▼ 中國人民解放軍駐香港部隊司令員譚本宏出席開幕典禮。

▲ 全國人民代表大會常務委員會委員譚耀宗出席開幕典禮。

▶ 全國政協常委、香港義工聯盟主席譚錦球出席開幕典禮。

展覽盛況

全國政協常委、香港福建社團
聯會主席吳良好出席開幕典禮。

▶ 全國人大代表、香港工會聯合
會會長吳秋北出席開幕典禮。

◄ 組委會副主席、華懋集團執行董事龔中心（左二）與全國人大代表、剛毅（集團）有限公司主席王敏剛（右二）出席開幕典禮。

▲ 組委會副主席、廣東省政協委員、香港潮屬社團總會主席陳幼南（右）與兩岸和平發展聯合總會會長、中銀國際副董事長林廣兆（左）出席開幕典禮。

▲ 組委會副主席、全國政協委員、香港學生活動委員會主席龍子明出席開幕典禮。

展覽盛況

▲ 組委會副主席、淮安周恩來紀念地管理局局長孫曉燕出席開幕典禮。

◄ 組委會主席、深圳市政協委員、香港華倫集團有限公司董事長林克倫（左），組委會主席、紫荊雜誌社社長總編輯楊勇（右）出席開幕典禮。

▼ 周恩來侄女周秉宜出席開幕典禮。

主禮嘉賓簽到

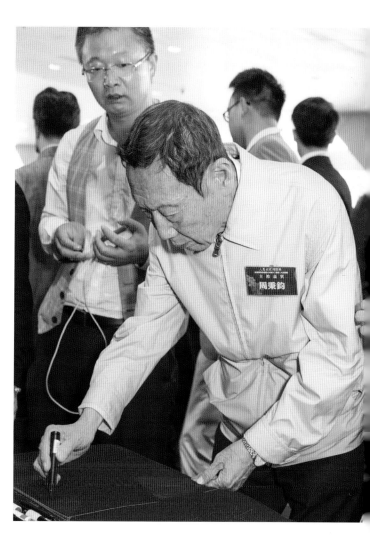

▲ 周恩來侄子周秉鈞出席開幕典禮。

▲ 香港僑界社團聯會創會會長兼主席、全國僑聯副主席陳有慶出席開幕典禮。

▲ 全國人民代表大會常務委員會委員譚耀宗（左二），組委會副主席、全國政協
委員、香港學生活動委員會主席龍子明（左三），香港特區立法會主席梁君彥
（左四），組委會副主席、廣東省政協委員、香港潮屬社團總會主席陳幼南
（右四），中央政府駐港聯絡辦社聯部副部長黎寶忠（右三）等人合影。

▲ 中央政府駐港聯絡辦主任王志民（右三），全國政協港澳台僑委員會副主任裘援平（左四），外交部
駐港特派員公署特派員謝鋒（左三），中國人民解放軍駐香港部隊司令員譚本宏（右二），中央政府
駐港聯絡辦副主任楊健（右一），組委會主席、深圳市政協委員、香港華倫集團有限公司董事長林克
倫（左二）等人與組委會榮譽主席、第十屆全國政協委員、周恩來姪女周秉德（右四）合影。

▲ 展覽開幕式嘉賓雲集。

▲ 香港特別行政區行政長官林鄭月娥在開幕典禮上致辭。

▲ 主禮嘉賓為展覽開幕剪綵。

▲ 香港特別行政區行政長官林鄭月娥爲組委會主席、中共淮安市委宣傳部部長周毅頒發紀念牌。

▲ 中央政府駐港聯絡辦主任王志民爲組委會主席、香港僑界社團聯會會長余國春頒發紀念盃。

▲ 香港特別行政區行政長官林鄭月娥為組委會主席、
香港華倫集團有限公司董事長林克倫頒發紀念盃。

▲ 中央政府駐港聯絡辦主任王志民為組委會副主席、香港梅州聯會會長余鵬春頒發紀念盃。

▲ 全國政協港澳台僑委員會
副主任裘援平爲華潤（集
團）有限公司董事長傅育
寧頒發紀念盃。

▶ 全國政協港澳台僑委員會
副主任裘援平爲中國銀行
（香港）有限公司副總裁
袁樹頒發紀念盃。

▲ 外交部駐港特派員公署特派員謝鋒為組委會副主席、淮安周恩來紀念地管理局局長孫曉燕頒發紀念盃。

▶ 外交部駐港特派員公署特派員謝鋒為組委會副主席、意得集團有限公司主席高佩璇頒發紀念盃。

▶ 外交部駐港特派員公署特派員謝鋒爲組委會副主席、山東新潮能源股份有限公司董事長許紹傑頒發紀念盃。

▲ 組委會榮譽主席、第十屆全國政協委員、周恩來侄女周秉德爲組委會副主席、華懋集團執行董事龔中心頒發紀念盃。

▲ 組委會主席、全國政協委員、周恩來侄女周秉建為組委會主席、紫荊雜誌社社長總編輯楊勇頒發紀念盃。

◀ 組委會榮譽主席、第十屆全國政協委員、周恩來侄女周秉德為組委會副主席、香港長者文化交流促進會會長胡裕明頒發紀念盃。

▲ 組委會主席、全國政協委員、周恩來侄女周秉建為組委會副主
　席、正大貿易（香港）有限公司董事長邱鎮成頒發紀念盃。

▲ 周秉德（左三）等周家後人在展覽開幕典禮上合影。

▲ 香港特別行政區行政長官林鄭月娥
（左二）、中央政府駐港聯絡辦主
任王志民（右一）、組委會榮譽主
席、第十屆全國政協委員、周恩來
姪女周秉德（右二）、組委會主
席、中共淮安市委宣傳部部長周毅
（左一）等人在參觀展覽。

◄ 香港特別行政區行政長官林鄭月娥
（左二）、中央政府駐港聯絡辦主
任王志民（右一）、全國政協港澳台
僑委員會副主任裘援平（左一）、
組委會榮譽主席、第十屆全國政協
委員、周恩來姪女周秉德（右二）
在周恩來總理畫像前合影。

▶ 1956年7月27日，周恩來總理在中南海懷仁堂與中華醫學會第十八次全國會員代表大會主席團成員及港澳來賓座談，香港的侯寶璋教授和李崧醫生被安排坐在周總理身旁並留下合影。此次展覽展出了此圖，侯寶璋教授之子侯勵存（左一）特意前來參觀展覽，並與中央政府駐港聯絡辦主任王志民（中）及香港知名學者劉蜀永（右）在展覽圖片前合影。

▲ 組委會榮譽主席、第十屆全國政協委員、周恩來侄女周秉德向參觀者介紹她與伯父的故事。

▲ 組委會主席、全國政協委員、周恩來侄女周秉建與丈夫拉蘇榮正在參觀展覽。

▶ 組委會主席、全國政協常委、香港僑界社團聯會會長余國春（右二），組委會副主席、廣東省政協常委、香港梅州聯會會長余鵬春（右一），組委會副主席、紫荊雜誌社執行總經理張春生（左二），裕華國貨董事總監、香港僑界社團聯會常務副秘書長余偉傑（左一）參觀展覽時留影。

◀ 全國政協委員、香港大公文匯傳媒集團董事長姜在忠（中）、榮寶齋（香港）有限公司總經理周伯林（右）等參觀者對展覽圖片充滿興趣。

▶ 開幕當天，市民在場外排隊等候進場參觀展覽。

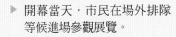

展 覽 期 間
社會各界踴躍參觀

此次展覽在香港各界引起強烈反響，展覽期間，全國政協副主席董建華，香港特區政府財政司司長陳茂波、商務及經濟發展局局長邱騰華、民政事務局局長劉江華、政制及內地事務局局長聶德權，香港大慈善家方潤華等多位政府高官及社會名流踴躍參觀。

周恩來 紀念周恩來誕辰120周年（香港）大型展覽

▲ 全國政協副主席董建華等人在參觀結束後，與學生導賞員合影。

▲ 全國政協副主席董建華（中），香港友好協進會會長戴德豐（右三），組委會主席、全國政協常委、香港僑界社團聯會會長余國春（左三），紫荊雜誌社副總編輯刀書林（右一），紫荊雜誌社助理總編輯許上福（左一）等人在周恩來總理畫像前合影。

▲ 香港特區政府財政司司長陳茂波參觀展覽。

▲ 香港特區政府商務及經濟發展局局長邱騰華參觀展覽。

▲ 香港特區政府民政事務局局長劉江華參觀展覽。

▶ 香港大慈善家、93歲高齡的方潤華老
先生特地前來參觀展覽，並在周恩
來題詞"活到老，學到老，改造到
老"語句旁留影。

組委會主席、全國政協常委、香港僑界社團聯會會長余國春參觀展覽。

香港中國企業協會總裁張夏令（左六）等人參觀展覽時留影。

為期四天的展覽吸引了三萬多名香港市民到場參觀。許多參觀者表示，此次展覽讓他們了解了真實的周恩來，以及新中國成立和建設的偉大歷程，通過展覽，他們真切地感受到今日的繁榮穩定與周恩來等老一輩無產階級革命家的努力奮鬥密切相關。

展覽盛況

▲ 展覽吸引眾多市民前來參觀。

▲ 參觀者認真地觀看展品。

▲ 參觀者正在觀看展覽現場播放的歷史紀錄片。

▲ 市民在展覽現場的播映室內觀看紀錄片。

▶ 香港市民鄭松於
展覽期間，帶著
自己畫的周總理
的肖像來到展覽
現場。

◀ 展覽還吸引了外國友人前來參
觀，參觀者稱他對外交政策很感
興趣，曾經也看過一些跟周恩來
總理相關的書籍，這次看到有這
個展覽，特意前來參觀。

此次展覽亦吸引了多家社團組織會員前來參觀，很多市民表示看過展覽對周恩來及中國歷史有了更多的了解與認識。

展覽盛況

學生導賞及學生參觀

　　組委會與"香港學生活動委員會"合作遴選出140餘名優秀香港中學生作為展覽導賞員，他們在展覽前接受了從淮安周恩來紀念館遠道而來的專業講解員的培訓。在展覽現場，他們用粵語向香港觀眾進行整個展覽的解說。學生導賞員們紛紛表示，通過本次導賞了解到更多周總理的生平事跡，從而加深自己對歷史的認識。

　　展覽也受到了許多香港學生的關注，包括來自皇仁書院、伯裘書院、保良局林文燦英文小學、路德會西門英才中學等眾多學校的近千名學生前來觀展。

▲ 學生導賞員在爲市民講解展覽內容。

▲ 學生導賞員合影。

▲ 組委會主席、中共淮安市委宣傳部部長周毅（前排中），組委會副主席、淮安周恩來紀念地管理局局長孫曉燕（前排右二）、淮安市外事僑務辦公室副主任楊興斌（前排左二）與展覽學生導賞員合影。

▲ 保良局林文燦英文小學組織學生參觀展覽。

▲ 皇仁書院組織學生參觀展覽。

▲ 學生們認真地聽講解員介紹展覽內容。

人民總理

展覽盛況

▲ 參觀學生合影。

▶ 小朋友在參觀展覽。

周恩來 **紀念周恩來誕辰120周年（香港）大型展覽**

◀ 小朋友們在周恩來總理畫像前合影。

―――――― 情深意長 ――――――

　　此次展覽獲得了巨大成功，也吸引了從四面八方趕來觀展的朋友們，他們借此機會匯聚香江，暢談今昔。

　　展覽開幕之前，全國政協副主席董建華會見了周秉德等周家後代，表達了他對周恩來總理的敬仰。開幕典禮後周秉德亦特意到訪了活動主辦方紫荊雜誌社，代表周家後人對紫荊雜誌社表示謝意。而為了進一步增進香港青少年學生對祖國的認識，組委會在展覽之後安排了一批優秀學生導賞員前往周恩來故鄉淮安等地遊學交流，為總理故鄉淮安的紀念活動獻上來自香港的專屬賀禮，也為淮港兩地學生交流播下了友誼的種子。

全國政協副主席董建華會見周家親屬

　　展覽開幕前，全國政協副主席董建華特地會見了來港參加此次活動的周恩來侄女周秉德及其兄弟姐妹周秉鈞、周秉宜、周秉建，以及淮安市委常委、宣傳部部長周毅，組委會主席、香港華倫集團董事長林克倫和組委會主席、紫荊雜誌社社長總編輯楊勇等人，並表示此次展覽的舉行非常有意義。

▼ 周秉德一行與全國政協副主席董建華合影。

組委會主席、香港華倫集團董事長林克倫（右）與全國政協副主席董建華（左）合影留念。

▼ 組委會主席、淮安市委宣傳部部長周毅（右），組委會副主席、淮安周恩來紀念地管理局局長孫曉燕（左）與全國政協副主席董建華（中）合影留念。

組委會舉辦交流宴會

◀ 展覽開幕典禮圓滿成功後，組委會舉辦交流宴會。組委會主席、全國政協常委、香港僑界社團聯會會長余國春（中），組委會主席、深圳市政協委員、香港華倫集團有限公司董事長林克倫（右二），組委會副主席、紫荊雜誌社執行總經理張春生（右一），香港新聞聯執行主席劉偉忠（左二），中央文獻研究室周恩來思想生平研究會理事廖毅文（左一）等人出席。

▼ 組委會主席、全國政協常委、香港僑界社團聯會會長余國春（前排右三），組委會主席、深圳市政協委員、香港華倫集團有限公司董事長林克倫（前排左三），組委會副主席、紫荊雜誌社執行總經理張春生（前排左二）及組委會部分成員合影留念。

周秉德女士到訪紫荊雜誌社

展覽期間，周恩來侄女周秉德等人到訪紫荊雜誌社，代表周家對紫荊雜誌社表示謝意，並期待再一次的交流與合作。

▼ 第十屆全國政協委員、周恩來侄女周秉德（前排左三），中央文獻研究室周恩來思想生平研究會理事廖毅文（前排右二）到訪紫荊雜誌社，與雜誌社部分員工合影。

◀ 第十屆全國政協委員、周恩來侄女周秉德（中），中央文獻研究室周恩來思想生平研究會理事廖毅文（右二）到訪紫荊雜誌社，與紫荊雜誌社副總編輯刀書林（左二），社長助理魏東升（左一），助理總編輯許上福（右一）合影留念。

與萬隆會議 "獻花男孩" 相聚

　　1955年4月17日，梁思謀向到達萬隆的周恩來總理獻花。值此紀念周恩來誕辰120周年大型展覽在港舉辦之際，當年曾向周總理獻花的梁思謀與周家後代在香港相聚。

◀ 1955年4月17日，梁思謀向到達萬隆的周恩來總理獻花。

▲ "獻花男孩" 梁思謀與周家後代在香港相聚。圖中前排為（從左到右）：周恩來侄女周秉建，周秉建丈夫拉蘇榮，"獻花男孩" 梁思謀，周恩來侄女周秉德，梁思謀太太梁劉莉瓊，周恩來侄女周秉宜，周秉宜丈夫任長安。

"感恩東來愛香江" 紀實片播映會

展覽期間，由陳復生監製的紀實片 "感恩東來愛香江" 在港舉行互動播映會，周恩來侄女周秉德出席，與到場學生分享她與伯父周恩來的故事。

▲ 周秉德出席 "感恩東來愛香江" 紀實片的互動播映會。

▲ 周秉德出席 "感恩東來愛香江" 紀實片的互動播映會時與學生們合影留念。

香港優秀學生導賞員江蘇交流遊學團

為了讓香港學生實地深入了解周恩來總理事蹟、學習發揚周總理精神，增進內地同香港青年學生交流，同時向香港青少年展示國家最新的發展情況。組委會特地組織一批優秀學生導賞員於暑假期間前往江蘇遊學交流。

▲ 交流團成員在周恩來紀念館的總理雕像前合影。

▼ "神舟"號飛船總設計師、中國工程院院士、載人航天之父戚發軔與交流團成員在周恩來紀念館總理像前合影留念。

▶ 學生們在認真地聽取講解員講解周恩來總理的生平故事。

▲ 交流團成員參觀中車南京浦鎮車輛有限公司，同學們齊齊為中國製造點讚。

▲ 交流團成員在參觀中國漕運博物館時合影。

▲ 交流團成員與江蘇淮陰中學學生進行交流後合影留念。

精心籌備

　　展覽的成功舉辦與組委會的精心籌劃密不可分。2017年底，組委會開始籌備展覽，相關負責人特地前往北京與周秉德等周家親屬商討，得到了他們的支持。此後，組委會還派專人前往淮安周恩來紀念地管理局，落實展覽內容與安排實物來港展出，大大豐富了展覽的形式與亮點。

　　為了擴大展覽影響力，組委會於4月底專門召開新聞發布會，介紹展覽信息。同時印製了近4萬張門票，分發給香港社會各界知名人士及多家社團、學校，為展覽營造了濃厚的社會氛圍。

籌備前期

▲ 為擴大此次展覽社會影響力，組委會展前召開新聞發布會，向傳媒闡釋本次辦展意義與展覽細節。從左到右為：組委會副主席、廣東省政協常委、香港梅州聯會會長余鵬春，第十二屆全國政協常委、香港僑界社團聯會主席、長江製衣有限公司董事總經理陳永棋，組委會主席、全國政協常委、香港僑界社團聯會會長余國春，組委會主席、紫荊雜誌社社長總編輯楊勇，組委會主席、深圳市政協委員、香港華倫集團有限公司董事長林克倫。

精心籌備

▲ 組委會主席、全國政協常委、香港僑界社團聯會會長余國春，
組委會主席、紫荊雜誌社社長總編輯楊勇，組委會副主席、紫
荊雜誌社執行總經理張春生等人一起研究討論展覽細節。

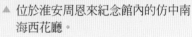

▲ 位於淮安周恩來紀念館內的仿中南海西花廳。

為確保展覽內容的權威性、專業性，組委會副主席、紫荊雜誌社執行總經理張春生（左）前往江蘇淮安與組委會副主席、淮安周恩來紀念地管理局局長孫曉燕（右）商淡展覽內容。

籌備中期

▼ 來自淮安周恩來紀念館的專業講解員在展覽前夕為專門遴選的學生導賞員進行培訓。圖為學生導賞員與導師房士鴻（一排左二）、宋麗華（一排左四）合影。

精心籌備

▲ 組委會工作人員商討展覽相關事項。

籌備後期

▼ 開幕前一天，展覽工作人員正在緊張地布置場地。

精心籌備

◀ 展覽開幕前一天，來自淮安周恩來紀念館的工作人員正在布展。

為了令更多市民了解並前來參觀展覽，展覽前，組委會向各大社團發放海報、門票及請柬等，令展覽及早得到社會各界關注。

▲ 展覽海報。　　▲ 會展中心的燈箱廣告。

▲ 展覽門票。

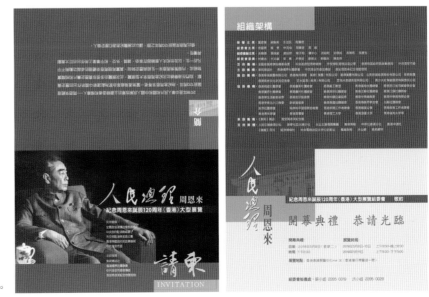

▶ 展覽請柬。

▲ 開幕典禮圓滿結束後，周恩來總理家屬與組委會工作人員合影留念。

媒體關注

　　紀念周恩來誕辰120周年（香港）大型展覽引起了海內外媒體的廣泛關注和報道。開幕式當天簽到媒體32家，記者69人。約60家主流媒體及機構對活動作了報道，總篇數150餘篇，網絡傳播文章數以千計。新華社、大公報、文匯報等媒體進行了突出報道，聯合早報網、澳亞網、新華網、新浪網、人民政協網、國務院港澳辦官網等權威網站均給予全面報道。值得一提的是，香港特別行政區行政長官林鄭月娥觀展後在她個人的facebook上寫下觀後感，高度肯定了本次展覽，並鼓勵市民踴躍參觀，起到令人驚喜的動員效果。

展覽開幕之前，新華網、大公報、文匯報、香港商報等紛紛刊登了香港即將舉辦周恩來誕辰120周年大型展覽的消息，引起香港市民關注。

香港将办大型展览纪念周恩来总理诞辰120周年

2018-04-28 15:27:41　来源：中国新闻社

今年是周恩来总理诞辰120周年，为了向香港市民展示周恩来和老一辈无产阶级革命家为创建新中国所作出的历史贡献，增强香港市民尤其是青少年一代对国家与民族的认知，香港下月将举办大型周恩来纪念展。

27日，展览组委会在香港召开新闻发布会。本次展览题为"人民总理周恩来——纪念周恩来诞辰120周年(香港)大型展览"，由紫荆杂志社、香港侨界社团联会、中共淮安市委宣传部、淮安周恩来纪念地管理局共同举办。

发布会上，身兼组委会主席的全国政协常委、香港侨界社团联会会长余国春表示，周恩来总理为解决香港、澳门和台湾问题做了大量基础性、开拓性的工作。他更是新中国侨务政策的奠基人，亲自关心和指导了侨务政策的落实。

据介绍，展览将于下月8日至11日在香港会议展览中心举行，展示面积超过2000平方米，由500多张珍贵历史图片和119件相关实物组成，聚焦周恩来一生经典历史时刻，真实再现周恩来总理的卓越功勋与不平凡的一生，以及他和夫人邓颖超在革命、建国、外交、和平事业上所作出的巨大贡献与牺牲。

余国春还提到，这次展览的另一大亮点是有许多香港青年的参与。目前，已有140多名优秀的香港中学生完成了专业培训，他们将在展览期间担任义工及导赏员，用粤语向香港观众详细介绍周总理传奇伟大的一生，展现香港青年的风采。

炫图　　视频

他相信，这些优秀青年的解说和导赏将引发更多香港年轻人对"为中华崛起而读书"的思考和认识，感染更多年轻人勇于担当，为实现新时代的梦想而努力奋斗。

展览组委会预计，整个展览期间，将有近3万人次入场参观。(记者 李焯龙)

周恩来　诞辰　纪念展　香港青年　　　　　　　【纠错】责任编辑: 李雪姣

首页 中国 国际 香港 专栏 评论 财经 文化 军事

大公资讯

大公报 | 中国 | 国际 | 香港 | 专栏   **热闻**   输入搜索内容   站内搜索

香港将办大型展览纪念周恩来总理诞辰120周年

2018-04-27 18:21:19 | 来源：中新社 | 我要分享 ▾   打印

中新社香港4月27日电(记者 李焯龙)今年是周恩来总理诞辰120周年，为了向香港市民展示周恩来和老一辈无产阶级革命家为创建新中国所作出的历史贡献，增强香港市民尤其是青少年一代对国家与民族的认知，香港下月将举办大型周恩来纪念展。

27日，展览组委会在香港召开新闻发布会。本次展览题为"人民总理周恩来——纪念周恩来诞辰120周年(香港)大型展览"，由紫荆杂志社、香港侨界社团联会、中共淮安市委宣传部、淮安周恩来纪念地管理局共同举办。

发布会上，身兼组委会主席的全国政协常委、香港侨界社团联会会长余国春表示，周恩来总理为解决香港、澳门和台湾问题做了大量基础性、开拓性的工作。他更是新中国侨务政策的奠基人，亲自关心和指导了侨务政策的落实。

据介绍，展览将于下月8日至11日在香港会议展览中心举行，展示面积超过2000平方米，由500多张珍贵历史图片和119件相关实物组成，聚焦周恩来一生经典历史时刻，真实再现周恩来总理的卓越功勋与不平凡的一生，以及他和夫人邓颖超在革命、建国、外交、和平事业上所作出的巨大贡献与牺牲。

余国春还提到，这次展览的另一大亮点是有许多香港青年的参与。目前，已有140多名优秀的香港中学生完成了专业培训，他们将在展览期间担任义工及导赏员，用粤语向香港观众详细介绍周总理传奇伟大的一生，展现香港青年的风采。

他相信，这些优秀青年的解说和导赏将引发更多香港年轻人对"为中华崛起而读书"的思考和认识，感染更多年轻人勇于担当，为实现新时代的梦想而努力奋斗。

展览组委会预计，整个展览期间，将有近3万人次入场参观。

扫一扫，关注大公网《晨读香江》公众号

责任编辑：胡明明 DN009

大公出品

[北京观察]
北京观察：中纪委打虎不停手

[军事瞭望]
中国造舰扩建两栖战力实现"从天而降"式立体登陆

[大公访谈]
专访著名画家陈钰铭：心系黄土高原 登攀艺术高峰

[热点冷评]
游戏本就是游戏，少讲点大道理"鸡汤"行不行

[经济观察家]
楼市盛世危言 当心时滞效应

[有料历史]
国博古籍藏书印趣谈

[大公园]
陌上花开/游宇明

[严肃点儿]
法总统奥朗德：为什么受伤的总是我？

大公视觉

金正恩与文在寅会晤

媒體關注

文匯報

Search

首頁 > 文匯報 > 要聞 > 正文

紀念周恩來誕辰120周年展下月港舉辦

2018-04-28

■紀念周恩來誕辰120周年展覽5月8日在港開幕，圖為組委會介紹詳情。 香港文匯報記者潘達文 攝

　　香港文匯報訊（記者 繆健詩）為紀念已故國家領導人周恩來誕辰120周年，紫荊雜誌社、香港僑界社團聯會、江蘇淮安市委宣傳部及淮安周恩來紀念地管理局，定於5月8日至11日在灣仔會展中心聯合舉辦「人民總理周恩來--紀念周恩來誕辰120周年（香港）大型展覽」，屆時將展出500多張珍貴圖片和相關實物，重現周恩來一生的經典歷史時刻。

　　展覽組委會昨日舉行新聞發佈會介紹，今次展覽場地展示面積逾2,000平方米，將會展出500多張珍貴的歷史圖片，圖片內容分為5大部分：求學立志、革命歷程、建設偉業、晚年歲月、風範永存，同場展出119件相關實物，包括周恩來寫過的書信及穿過的衣服等，真實再現周恩來的卓越功勳和不平凡的一生，以及他和夫人鄧穎超在革命、建國、外交、和平事業上所作出的巨大貢獻與犧牲。

　　展逾百實物 140中學生作導賞員

　　展覽現場還會播放《海棠花開》、《入京西苑機場閱兵》、《十里長街送總理》、《大江歌》、《心繫水利建設》、《大無大有周恩來》等珍貴歷史影片，向觀眾呈現周總理最具風采的生命歷程和真實故事。

媒體關注

2018-05-15 19:44:50

登陆 | 订阅服务 | 广告服务 | 电子报　　　　PDF电子版 | 繁体 | 简体

新闻　　評論　　財经　　產經　　科技　　文化　　招商　　專題

香港商報 今日商報　財經大報 商界平台

2018年5月
戊戌年 四月初一　　15　星期二

中國政府特許在內地發行之報刊。 香港政府指定刊登法律廣告有效刊物。

今日欄目

A01商報頭條
A02香江評論
A03特刊
A04產經新聞
A05地產新聞
A06金融要聞
A07特別報道
A08特別報道
A10投資理財/分析
A11十彩雲南

2018年　05月　15日　查閱

主要版面

商報頭條	香江評論
重點關注	九州評彈
台海新聞	中國新聞
產經新聞	金融要聞
投資分析	投資理財
環球財經	國際時事
香港新聞	地產新聞
社團商情	政團商情
中國經濟	深度觀察
一帶一路	中資動態
商界心聲	商海英豪
珠三角新聞	重要新聞
中國經貿	直通南粵
香港百達通	珠三角百達通
特別報導	北上商機
專題新聞	專題報導
兩會專版	新聞聚焦
生活與人文	新界專刊
財經副刊	消費周刊
今日吉林	七彩雲南
股道錢途	其他版面

香港商報>>電子報內容>>香港新聞

港下月辦周恩來誕辰120周年展

2018年 04月 28日 00:00　　香港商報

【香港商報訊】記者潘仲男報道：今年是前國家總理周恩來誕辰120周年，有機構將於下月舉辦大型周恩來紀念展，向市民展示周恩來和老一輩無產階級革命家為創建新中國所作出的歷史貢獻，增強市民尤其是青少年一代對國家與民族的認知。

展覽組委會昨日召開新聞發布會表示，本次展覽題為「人民總理周恩來□□□紀念周恩來誕辰120周年（香港）大型展覽」，由紫荊雜誌社、香港僑界社團聯會、中共淮安市委宣傳部、淮安周恩來紀念地管理局共同舉辦。

展現周恩來卓越功勛及貢獻

發布會上身兼組委會主席的全國政協常委、香港僑界社團聯會會長余國春表示，周恩來為解決香港、澳門和台灣問題做了大量基礎性、開拓性的工作。他更是新中國僑務政策的奠基人，親自關心和指導了僑務政策的落實。

據介紹，展覽將於下月8日至11日在會議展覽中心舉行，展示面積超過2000平方米，由500多張珍貴歷史圖片和69套119件相關實物組成，現場還將播放多部珍貴的歷史影片，聚焦周恩來一生經典歷史時刻，真實再現周恩來的卓越功勛與不平凡的一生，以及他和夫人鄧穎超在革命、建國、外交、和平事業上所作出的巨大貢獻與犧牲。

140學生擔任義工及導賞員

余國春提到，展覽開幕當日，周恩來的姪女周秉德、周秉建等都會出席并將主禮儀式。此外，這次展覽的另一大亮點是有許多本港青年的參與。目前，已有140多名中學生完成了專業培訓，他們將在展覽期間擔任義工及導賞員，用粵語向香港觀眾詳細介紹周恩來當年鮮為人知的國家決策后之故事、周總富多采的外交實踐以及其傳奇的一生，展現香港青年的風采。

增強港青對國家民族認知

余相信，這些青年的解說和導賞將引發更多年輕人對「為中華崛起而讀書」的思考和認識，感染更多年輕人勇於擔當，為實現新時代的夢想而努力奮斗。展覽組委會預計，整個展覽期間，將有近3萬人次入場參觀。

開幕式報道

開幕當天，多家傳媒對活動進行了顯著報道，當天簽到媒體32家、記者69人。約60家主流媒體及機構對活動作了報道，總篇數150餘篇，網絡傳播文章數以千計，帶來良好社會反響。

2018年5月9日 星期三

A3 | 要聞

大公報

責任編輯 馮曜宗 美術編輯 劉子華

林鄭月娥王志民出席周恩來誕辰120周年展覽致辭
周總理是公僕典範學習榜樣

「人民總理周恩來——紀念周恩來誕辰120周年（香港）大型展覽」開幕式昨日在香港會展中心舉行。行政長官林鄭月娥致辭時表示，周恩來總理身為人民服務，是公僕典範，是我們作為公職人員的學習榜樣。總理說：「急群眾之所急，憂群眾之所憂」的奉獻精神，以及難以律己無愧於心透過歷久而彌新，也是每一個從政者須謹記和力行的。中聯辦主任王志民致辭時說，周總理始終高度重視香港對國家、對民族事業的重要地位和作用，對香港高度信念、高尚人格和堅強品質必將激勵我們凝心聚力，共同為香港的長期繁榮穩定，為中華民族偉大復興的中國夢同心同行，攜手奮鬥。

紀念周恩來誕辰120周年展覽

大公報記者 朱雅科

急群眾之所急 憂群眾之所憂

顯相會於中華騰飛世界時

謝鋒：周總理外交思想留下精神寶藏

【大公報訊】記者朱雅科報道：外交部駐港特派員公署特派員謝鋒出席「紀念周恩來誕辰120周年大型展覽」開幕式並上台演講。謝鋒肯定以主外交為統一戰線方向之貢獻，以求同存異而聞名於世界舞台。

對香港同胞有濃濃深情

余國春冀展覽激勵年輕人奮進

【大公報訊】記者朱雅科報道：全國政協常委、香港僑界社團聯會會長、香港僑界社團周恩來誕辰120周年大型展覽籌備委員會主任余國春在致辭時表示。

▶「人民總理周恩來——紀念周恩來誕辰120周年（香港）大型展覽」開幕式昨日在會展舉行　大公報記者劉友明攝

人民總理周恩來 紀念周恩來誕辰120周年（香港）大型展覽

周總理奉獻精神 我們必須牢記力行

行政長官林鄭月娥在「人民總理周恩來——紀念周恩來誕辰120周年（香港）大型展覽」開幕禮上致辭

尊敬的王志民主任（中央人民政府駐香港特別行政區聯絡辦公室主任）、尊敬的裘援平主任（全國政協港澳台僑委員會副主任）、謝鋒特派員（外交部駐香港特別行政區特派員公署特派員）、譚本虹司令員（中國人民解放軍駐香港部隊司令員）、周康建女士（周恩來總理侄女）、周秉德女士（周恩來總理侄女）、余國春先生（香港僑界社團總會會長），各位嘉賓，各位朋友：

大家下午好！今天我很高興出席在歷史博物館舉行的「紀念周恩來誕辰120周年（香港）大型展覽」的開幕典禮，而今岔，可以向尊敬的心，緬懷周恩來總理，對我來說，紀念周恩來總理更有特別的意義……

▲林鄭月娥致辭時表示，周恩來總理的奉獻精神，促進着必須牢記和力行　　大公報記者林良堅攝

「港人遇到的困難，一定要盡力幫助解決」

解糧水之困 周恩來造福香江

▲1956年周恩來在北京會見大公報社長費彝民（右）及中華總商會會長莊世平（中）　　▲1965年2月27日，慶祝東江—深圳供水工程落成大會在塘頭廈舉行　　▲1956年1月，在全國政協第二屆第二次全體會議的宴會上，周總理與香港中華總商會會長高卓雄（右）和澳門中華總商會會長何賢（左）在一起

周恩來總理與香港情緣極深，「紀念周恩來誕辰120周年（香港）大型展覽」昨日開幕，主辦方通過展覽特刊，講述了周恩來直接主導東江水供港政策、開啟「三趟快車」供港鮮活商品高等生動故事，回顧了周恩來與香港的不解情緣。

紀念周恩來誕辰120周年展覽

大公報記者 文軒

「那個地方大有可為」

特稿中，周恩來思想生平研究會著名學者周小文軒寫為《誰的話題探訪關於那片土地——周恩來對香港的情懷》的文章中提到，周恩來存在中採煤場之岁，联已對香港指出，那個地方大有可為，「我們未能與...

周秉德：伯父對香港念念不忘

【大公報訊】記者文軒報道：伯父周恩來先生的外表...

青年應具備家國情懷

▲周秉德相信，展覽可提高青少年對國家和民族的認知、對中華民族偉大復興的認同與責任　　大公報記者何嘉駿攝

保障港人「菜籃子」

展覽簡介

展覽名稱	人民總理周恩來　紀念周恩來誕辰120周年（香港）大型展覽
時間	5月8日上午9:30–晚上8:00，5月11日上午9:30–下午5:00
地點	香港會議展覽中心Hall 3E
展覽內容	500多張珍貴歷史圖片及珍藏周恩來總理生平，分為革命生涯...

A2 文匯要聞　責任編輯 鄒 原　版面設計 余天麟　2018年5月9日（星期三）　香港文匯報 WEN WEI PO

林鄭：從政者典範　王志民：港人深深懷念

紀念周恩來誕辰120周年展覽開幕

香港文匯報訊（記者 鄭治祖）今年是已故國家領導人周恩來總理誕辰120周年。「人民總理周恩來——紀念周恩來誕辰120周年（香港）大型展覽」，昨日在會展中心開幕，香港特區行政長官林鄭月娥，中聯辦主任王志民應邀出席開幕禮並致辭。林鄭表示，紀念周恩來總理更有特別意義，「周總理畢生為人民服務，是公僕典範，是我們作為公職人員的學習榜樣。」王志民則指出，值此周恩來總理誕辰120周年之際，在他曾經戰鬥工作、始終牽掛關懷的香港舉辦大型紀念展覽活動很有意義，表達了香港同胞對周總理這位歷史偉人的深深懷念。

（林鄭月娥、王志民致辭全文刊A12版）

全國政協港澳台僑委員會副主任裘援平、外交部駐港特派員公署特派員謝鋒、解放軍駐港部隊司令員譚本宏、中聯辦副主任楊健、周恩來侄女周秉德、周秉建，香港特區立法會主席梁君彥、全國人大常委譚耀宗、全國政協常委劉永齡等共同主禮。

林鄭：清正廉潔形象深入民心

林鄭月娥致辭指出，周恩來總理是新中國外交事業的主要奠基者之一，為香港回歸問題付出大量基礎性、開拓性工作。周恩來「為我求索」紀念周恩來總理有特別意義，周恩來總理畢生為人民服務，是公僕典範，是我們作為公職人員的學習榜樣。

她表示，周總理那種「鞠躬盡瘁、死而後已」的奉獻精神，以及對自己嚴格的這種要求及意志，也是我們每一個負政者都必須牢記和力行的。

林鄭說，作為中華人民共和國的開國元勳，周恩來擔任總理長達26年，到國家建設作出了巨大貢獻，他始終覺得，請正廉潔的形象深入人心，深受人民愛戴敬重，四此在「人民總理」的來譽，是中國人民心目中永遠的，但最值得我們學習。

她憶述，周總理在1976年去世時，總理是一個在香港土生土長的中學生，可以說沒有在學校學過中認識周總理。「我首次認深切感受有關周總理的生平，是1979年我參加香港人學學生會交流團，到北京與清華大學交流，有一天我到的天安門來到的中國革命歷史博物館（即今天的國家博物館）參觀。」

「由於當時是周總理去世三年多，我記得有一個訪頭介紹周總理生平的專題展覽，讓很多是一個年紀比我大一點的女孩，她詳細介紹了周總理身世與總理周馬媽，瑞秀國事，就不能地笑了起來。我也聽這位介紹周總理的『人民總理』的那種深深感動。」

林鄭說，「其後我覺多看了有關周總理的書，對他的勤奮為公、外交風采、待人之道等特質，深深敬佩，對他和鄧穎超女士——周總理中的『小超』——的愛情故，我深被打動。」

王志民：重惠港項目決策人

王志民致辭中表示，習近平總書記在今年3月1日在紀念周恩來同志誕辰120周年座談會上發表的重要講話中指出，「周恩來同志是為中國人民謀幸福、為中華民族謀復興鞠躬盡瘁、死而後已的傑出楷模，是深深印刻在中國人民心中、世世代代傳頌的人民好總理」。周總理在當少年時就立下「為中華之崛起而讀書」，「願相會於中華騰飛世界時」的偉大志向。與個人的發展與國家民族的命運緊密相連，將一生獻給了中國人民的解放事業和社會主義事業，周恩來見中國共產黨人的傑出表率，是中華兒女的光輝榜樣，是中國人民衷心愛戴、我們永遠懷念的好總理，他身上所展現出的中國共產黨人的崇高精神，是歷史的、忠是時代的，也是世界的。

王志民續回憶了周恩來與香港深厚的歷史情感和戰鬥情誼。從他青年時代以到革命時代，「度家姜」，列1941年香港淪陷後秘密自部署「秘密大營救」，解放戰爭致終全國勝利前夕又籌劃這些香港的民主人士大量人團結就共商國家大計，始終。

把香港和祖國緊緊繫在一起

他強調，周總理始終牽掛遺留的香港同胞，同山石玉他的心血。論了大量基礎性和開拓性的謀劃工作。他關係香港問題的深刻論述，制訂地關周恩來給予了毛澤東的戰略眼略思想。都實與不視來提出與「一國兩制」方針卻仍了重要思想基礎，王志民表示，周恩來始終牽掛香港同胞，關心香港社會民生，他親自決定的「三趟快車」和「東江供水」這兩個民生項目，把香港和祖國同胞的健康緊繫在一起，也為解決香港目前的民生社會的繁榮穩定作出了巨大貢獻。

他強調，將近千尋迎遊前，「現在，我們的歷史上最何時期都更接近、更有信心和能力實現中華民族偉大復興的目標。周恩來同志生命和追求在此的中國現代化的宏偉目標，一定能夠有人才的實現工作。我們要繼承和弘揚周恩來同志始終心繫人民的崇高思想意義。表達了香港同胞對周總理這位偉人的深深懷念。」的崇高精神、高尚人格和優品質，必須發揚我們盡心之力，只同為香港的祖國的發展繁榮強盛之為，為中華民族偉大復興重新的中國夢同心同行，攜手奮鬥。

活動由香港僑品社、香港僑界社團聯會、江蘇省在委員部、淮安周恩來文委會主辦，現場展出200餘幅珍貴歷史圖片160餘件實物。眾多周恩來一生珍藏的資料、書畫再現周恩來總理的崇高形象和不凡的一生，以及他如大人團結起來共商一建國、外事工作所作出的巨大貢獻輪轉。

全國僑聯副主席陳有廣、香港僑界社團聯會主席陳永棋、全國政協委員徐澤、江蘇省委組織部社團聯會主席陳永棋、全國政協委員徐澤、全國人大代表吳秋北、王頻剛、全國政務委委會主委、盧偉國、高佩璇、藍矽旭、中聯辦文部部長朱文、協調部部長沈沖、社團副部長黎智貴、青年部部長彭靜成等出席。

展覽將展至本周六（5月11日）。

林鄭月娥、王志民等觀展覽。　香港文匯報記者彭慶威 攝

紀念周恩來誕辰120周年（香港）大型展覽，昨日開幕，由林鄭月娥與王志民等主禮。　香港文匯報記者彭慶威 攝

500圖片逾百實物展卓越功勳

展覽講解員由140餘位優秀香港中學生任。　香港文匯報記者彭慶威 攝

香港文匯報訊（記者 繆健詩）「人民總理周恩來——紀念周恩來誕辰120周年（香港）大型展覽」將於5月8日至11日於會展中心舉行，導向會展出超過500張珍貴的歷史圖片以及119件相關實物，務求為觀眾真實再現周恩來的一生，以及他和大人團結在革命、建國、外交、和平事業上所作出的大貢獻和輪轉。

從求學立志到晚年歲月

近次展覽規劃面積佔逾2,000平方米，整個劃分為六大部分，包括求學立志、創業開拓、建國偉業、晚年歲月及周恩來永存、各個區域配上相關的歷史圖片及實物，以上均由周恩來專業研究權威機構——淮安周恩來紀念館提供和審定，導向時代展出了超過119件珍貴實物，包括周恩來生前的衣服、眼鏡、講稿等可遵守規之一，審具歷來偉人眼里樸素的工作作風，

與他們在革命年代的生活細節。

此外，展覽場區展出〈海棠花開〉、〈天之責風採場陽光〉〈大江濤〉、〈心繫水利建設〉、〈大簾大有用思來〉等珍貴歷史影片，向參觀者多方位展示周恩來總理最真風采的全部歲月工作，一個個多年珍貴的場景，周恩來逐漸的中國夢及部分關圖畫資相片延伸就及記錄相片之大真貢獻輪轉。

140多港中學生任導賞員

特別一提，展覽導賞員是由「香港學生活動委員會」挑選的140餘位優秀香港中學生擔任。他們均先受過周恩來專業研究機構提供的培訓。周恩來總理生前在場內用導向向參與導賞實行整個展覽的解說，介紹每位參觀者入對的國家決策背後的故事，周總理豐富多彩的外交文物活動，以及與大人團結起來共商的生活點滴，以加深中國民眾香港展們的一步了解。

周總理與文匯大公情緣深

香港文匯報訊，是次展覽中的「領袖港澳台僑」分區、展出由查1960年4月全國政協編三屆三改會議期間，周恩來總理與時任香港《文匯報》社長李子誦〈文匯報〉社社長費彝民的合照、以《文匯報》書名相心關《文匯報》、〈大公報〉的致好照。

在大公報刊信緊斥日簽注

周恩來與南粵週邊深厚。1941年5月21日，日寇侵犯中，釋出〈大公報〉重慶版發文社論〈為評南戰事作一種呼籲〉，周恩來見時周邊總理夜寫下一封信，交由一早派人送到李子誦公寓，在信中堅斥戰權的抗戰救國立場，向〈大公報〉提供共同抗戰的訊息。

大公文匯是中國人民的報紙

1952年3月1日，〈大公報〉在重慶的「三」事件中，周恩來對不當的關係和參議閉關圖，邀發戰與反以「何報聲明性文字」等作為6個月，也是在兩邊的直接關心下，〈大公報〉在重慶版的黃好照的。

在大公報刊信緊斥日簽注如果中國文化在香港聯絡，人發展，中國人民香港會高度肯定，周總理曾多次可，」鼓勵〈大公報〉。揚的12日了。

春萬一周恩來似在取消英屯代筆的，那是1952年初春，就在當初，周恩來總理已經明示英屯報刊的最好，在信中鼓勵〈大公報〉和〈文匯報〉兩報要以「兩種崇高的民族意識代的支持，一等等，也使香國社會主義的的〈文匯報〉和〈大公報〉的發聲。

媒體關注（左側縱向標題）

文匯社評

創科人才競爭激烈 多管齊下增吸引力

政府昨晝傍推出「科技人才入境計劃」，為輸入海外和內地科技人才，實施快速處理入境安排，今年6月將接受申請，首年輸入最多1000名創科人才。特區政府把創科人才放在重要位置，「拆牆鬆綁」，提供便利，吸引海外創科人才來港，是進取本港創科發展的需要……

組合屋稍緩住屋困 需重管理善用土地

社聯5日在深水埗區議會介紹組合屋計劃，預計下月招標，最快明年初提供90個單位。組合屋對紓緩基層市民住屋困難的困局是有一定作用的……

周總理念念不忘香江

侄女周秉德：港繁榮和諧「恩來先生定含笑九泉」

　周秉德　香港文匯報記者曾慶威 攝

謝鋒：「一國兩制」成功實踐 可告慰周總理

　謝鋒　香港文匯報記者曾慶威 攝

周總理是中國外交不朽豐碑

親自指示修建東深供水工程

余國春勉港青：新時代敢於擔當

　余國春指，周恩來一生胸繫國家命運
香港文匯報記者曾慶威 攝

香港 新聞　　　2018年5月9日 星期三　　　責任編輯 何家輝 出文　美編 王樹朗　　　香港商報　　　Hong Kong Commercial Daily http://www.hkcd.com　　　A13

紀念周恩來誕辰120周年展覽揭幕

【香港商報訊】記者馮煒強報道：為紀念中華人民共和國和中國人民解放軍的主要締造者和領導人——周恩來總理誕辰120周年，紫荊雜誌社聯合香港僑界社團聯會等，在中央政府駐港聯絡辦、外交部駐港特派員公署、香港特區政府民政事務局、中共淮安市委等單位的支持指導下，於5月8日至11日在香港會展舉辦「人民總理周恩來——紀念周恩來誕辰120周年(香港)大型展覽」。行政長官林鄭月娥、中聯辦主任王志民等在致辭中讚揚，周恩來畢生為人民服務，是公僕典範，是公職人員的學習榜樣。來自社會各界的800多名來賓，出席了揭幕儀式和觀看了展覽。

「人民總理周恩來——紀念周恩來誕辰120周年(香港)大型展覽」昨在香港會展中心舉行。行政長官林鄭月娥(中)、中聯辦主任王志民(左四)、全國政協港澳台僑委員會副主任裘援平(右四)、外交部駐港特派員公署特派員謝鋒(右三)、解放軍駐港部隊司令員譚本宏(左二)及周恩來侄女周秉德(左三)等，出席開幕儀式並繪任主禮嘉賓。　　　中新社

林鄭：人民總理深受人民愛戴

行政長官林鄭月娥致辭。

王志民：周總理牽掛香港同胞

中聯辦主任王志民致辭。

展500多張珍貴圖片和119件實物

中小企商會聯席堅決反對撤對沖

【香港商報訊】記者林駿強報道：

香港各界商會聯席會議堅決反對撤銷對沖　記者 林駿強攝

譚國斌：會令中小企頂唔順

鄧泳舜與區議員邀信請顧

社聯深水埗建組合屋供90單位

【香港商報訊】記者楊眉報道：

社聯計劃興建的臨時綜合屋模擬圖

駐港部隊舉辦軍事生活體驗日

駐港部隊女兵與對話小學生同樂。

【香港商報訊】

中小學師生及家長參加

沪港深基金看淡恒指震荡 多领域挖掘投资机会   财政部：鼓励机构个人全面   客户端   搜索   频道   下一篇

新华网 > >正文

"纪念周恩来诞辰120周年大型展览"在香港举行

2018-05-08 21:38:40   来源：新华网

关注新华网

微信

微博

Qzone

0

评论

新华社香港5月8日电（记者丁梓懿）"人民总理周恩来——纪念周恩来诞辰120周年（香港）大型展览"8日在香港开幕，展出周恩来500多张珍贵历史图片和119件相关实物，聚焦其一生经典的历史时刻，真实再现他卓越功勋的不凡一生。

本次展览展出内容分为两大部分：图片部分包括求学立志、革命历程、建设伟业、晚年岁月及风范永存五大主题；实物部分包括周恩来写过的书信、穿过的衣服等。展览再现了老一辈共产党人艰苦朴素的工作作风和在革命年代的生活细节。

当日，成群结队的香港市民来到展览现场，近距离观看展品，并不时拍照留念。场内有140余名香港中学生担任导赏员，向观众进行展览解说，介绍周恩来丰富多彩的外交实践及与夫人邓颖超超人的生活点滴。

展览现场同时播放《海棠花开》《入京西苑机场阅兵》《十里长街送总理》《心系水利建设》《大无大有周恩来》等珍贵历史影片，向观众多方位展示周恩来最具风采的生命历程和真实故事。

香港特区行政长官林郑月娥在展览开幕礼上致辞表示，周恩来总理是新中国外交事业的主要奠基者之一，为香港回归祖国做了大量基础性、开拓性工作。在香港举办这个大型展览，让香港市民大众有机会通过珍贵的展品和历史图片、资料，对这位举足轻重的领导人物以及国家的历史有更深入的认识。

中央政府驻港联络办主任王志民向在场嘉宾介绍了周恩来与香港深厚的历史情缘以及他在革命、建国等方面作出的巨大贡献。王志民说，周总理始终高度重视香港对国家、对民族事业的重要地位和作用。在他生前始终牵挂的香港举办大型展览活动别有意义，表达了香港同胞对这位历史伟人的深深怀念。

外交部驻港特派员公署特派员谢锋表示，周总理生前曾三次踏上香港这块土地，中环、上环、九龙都留下他的足迹。香港回归的历史进程凝聚着周总理的高瞻远瞩和对香港同胞的浓浓深情。

本次展览由紫荆杂志社、香港侨界社团联会、中共淮安市委宣传部、淮安周恩来纪念地管理局联合主办。展览在香港会展中心举行，展期为8日至11日。

炫图   视频

香港   展览   周恩来   【纠错】责任编辑：赵凤艳

媒體關注

香港特別行政區政府
新聞公報

GovHK 香港政府一站通　　簡体版

RSS | 字型大小：A A A | 網頁指南

香港

行政長官出席紀念周恩來誕辰120周年（香港）大型展覽開幕　　去

行政長官出席紀念周恩來誕辰120周年（香港）大型展覽開幕禮致辭全文（只有中文）（附圖／短片）
＊＊＊＊＊＊＊＊＊＊＊＊＊＊＊＊＊＊＊＊＊＊＊＊＊

以下是行政長官林鄭月娥今日（五月八日）出席紫荊雜誌社舉辦的紀念周恩來誕辰120周年（香港）大型展覽開幕禮致辭全文：

尊敬的王志民主任（中央人民政府駐香港特別行政區聯絡辦公室主任）、尊敬的裘援平副主任（全國政協港澳台僑委員會副主任）、謝鋒特派員（外交部駐香港特別行政區特派員公署特派員）、譚本宏司令員（中國人民解放軍駐香港部隊司令員）、周秉德女士（周恩來總理侄女）、周秉建女士（周恩來總理侄女）、余國春先生（香港僑界社團總會會長）、各位嘉賓、各位朋友：

大家下午好！今天我很高興出席由紫荊雜誌社舉辦的「紀念周恩來誕辰120周年（香港）大型展覽」的開幕典禮，與各位一同以尊敬的心，緬懷周恩來總理，對我來說，紀念周恩來總理更有特別意義：周總理畢生為人民服務，是公僕典範，是我們作為公職人員的學習榜樣。

國家主席習近平早前說道：「周恩來，這是一個光榮的名字、不朽的名字。每當我們提起這個名字就感到很溫暖、很自豪。」周總理在一九七六年去世時，我是一個在香港土生土長的中學生，可以說沒有在學校學習中認識周總理。我首次深刻接觸有關周總理的生平，是一九七九年我參加香港大學學生會交流團，到北京與清華大學交流，有一天施到在天安門東側的中國革命歷史博物館（即今天的國家博物館）參觀。由於當時是周總理去世三年後，我記得有一個詳細介紹周總理生平的專題展覽，講解員是一個年紀比我大一點的女孩，她介紹到了總理身患重病還退日理萬機，操勞國事，就不斷地哭了起來，我也被這位「人民總理」的事蹟深深感動。其後我就多看了有關周總理的書，對他的勤儉為公、外交風采、待人之道等特質，深深敬仰；對他和鄧穎超女士——也是總理口中的「小超」——的恩愛情意，我深被打動。

作為中華人民共和國的開國元勳，周恩來總理擔任總理長達二十六年，對國家建設作出巨大貢獻；他勤政愛民、清正廉潔的形象深入民心，深受人民愛戴敬重，因此有「人民總理」的美譽，是中國人民心目中溫暖的、自豪的領袖。周恩來總理曾說過：「我們國家的幹部是人民的公僕，應該和群眾同甘苦，共患難，如果國享受，怕艱苦，甚至走後門，特殊化，那是會引起群眾公憤的。」總理那種「急群眾之所急，憂群眾之所憂」的奉獻精神，以及嚴以律己的處世之道是歷久常新的，也是我們每一個從政者必須牢記和力行的。

今年是周恩來總理誕辰120周年，國內不少地方也舉辦紀念活動，讓大眾重溫他的風采和光輝事蹟，並藉以弘揚其為家國人民獻誠服務的無私精神。周恩來總理是新中國外交事業的主要奠基者之一，為香港回歸祖國做了大量基礎性、開拓性工作。我感謝紫荊雜誌社在中央人民政府駐香港聯絡辦公室、中國人民解放軍駐港部隊，以及外交部駐港特派員公署等機構的支持及協助下，在香港舉辦這場大型展覽，讓香港市民大眾亦有機會透過珍貴的展品和歷史圖片、資料，對周總理這位近代史上舉足輕重的開國領導人物，以及國家的歷史有更深入的認識。

最後我謹祝展覽會圓滿成功，並祝大家身體健康。謝謝大家。

完

2018年5月8日（星期二）
香港時間15時08分

▷ 新聞資料庫　　　▷ 昨日新聞　　　　　　▷ 返回新聞列表　　▷ 返回頁首
▷ 即日新聞

圖片

網上廣播

行政長官出席紀念周恩來誕辰120周年（香港）大型展覽開幕式

▷ 觀看

W3C WAI-AA WCAG 2.0

鳳凰網 资讯　　凤凰网资讯 >新闻客户端 >精品推荐库 >正文　　　閱友闲热文在这里!　　　　站内　　全球最牛黑客齐聚北京

"纪念周恩来诞辰120周年大型展览"在香港举行

2018年05月09日 05:00:24
来源：解放军报　　　　　　　　　　　**0**人参与　　**0**评论

原标题："纪念周恩来诞辰120周年大型展览"在香港举行

据新华社香港5月8日电（记者丁梓懿）"人民总理周恩来——纪念周恩来诞辰120周年（香港）大型展览"8日在香港开幕，展出周恩来500多张珍贵历史图片和119件相关实物，聚焦其一生经典的历史时刻，真实再现他卓越功勋的不凡一生。

本次展览展出内容分为两大部分：图片部分包括求学立志、革命历程、建设伟业、晚年岁月及风范永存五大主题；实物部分包括周恩来写过的书信、穿过的衣服等。展览再现了老一辈共产党人艰苦朴素的工作作风和在革命年代的生活细节。

当日，成群结队的香港市民来到展览现场，近距离观看展品，并不时拍照留念。场内有140余名香港中学生担任导赏员，向观众进行展览解说，介绍周恩来丰富多彩的外交实践及与夫人邓颖超感人的生活点滴。

¥16.9　　　　　销量：83

香港特区行政长官林郑月娥在展览开幕礼上致辞表示，周恩来总理是新中国外交事业的主要奠基者之一，为香港回归祖国做了大量基础性、开拓性工作。在香港举办这个大型展览，让香港市民大众有机会通过珍贵的展品和历史图片、资料，对这位举足轻重的领导人物以及国家的历史有更深入的认识。

中央政府驻港联络办主任王志民向在场嘉宾介绍了周恩来与香港深厚的历史情缘以及他在革命、建国等方面作出的巨大贡献。王志民说，周总理始终高度重视香港对国家、对民族事业的重要地位和作用。在他生前始终牵挂的香港举办大型展览活动别有意义，表达了香港同胞对这位历史伟人的深深怀念。

外交部驻港特派员公署特派员谢锋表示，周总理生前曾三次踏上香港这块土地，中环、上环、九龙都留下他的足迹。香港回归的历史进程凝聚着周总理的高瞻远瞩和对香港同胞的浓浓深情。

本次展览在香港会展中心举行，展期为8日至11日。

News > Hong Kong > Content

Tuesday, May 08, 2018, 19:00

Hong Kong commemorates late premier Zhou Enlai

By Wen Zongduo

Wang Zhimin, director of the Liaison Office of the Central People's Government in Hong Kong, delivers a speech at the launch ceremony of an exhibition highlighting late premier Zhou Enlai's life in Hong Kong on May 8, 2018. (WEN ZONGDUO / CHINA DAILY)

Mapping the timeline of Hong Kong's return to the motherland by late premier Zhou Enlai early in the 1970s was among the contributions of this great leader to the country, Wang Zhimin, director of the Liaison Office of the Central People's Government in Hong Kong, said on Tuesday.

Zhou Bingde, a niece of Zhou Enlai,

Wang told the launch ceremony of a large exhibition highlighting Zhou's life that Zhou told visiting British guests in the 1970s about a peaceful handover of Hong Kong to Chinese rule via

中央人民政府
驻香港特别行政区联络办公室
Liaison Office of the Central People's Government in the Hong Kong S.A.R.

"纪念周恩来诞辰120周年大型展览"在香港举行

来源: 新华社　　　发布时间: 2018-05-09

"人民总理周恩来——纪念周恩来诞辰120周年（香港）大型展览"8日在香港开幕，展出周恩来500多张珍贵历史图片和119件相关实物，聚焦其一生经典的历史时刻，真实再现他卓越功勋的不凡一生。

本次展览展出内容分为两大部分：图片部分包括求学立志、革命历程、建设伟业、晚年岁月及风范永存五大主题；实物部分包括周恩来写过的书信、穿过的衣服等。展览再现了老一辈共产党人艰苦朴素的工作作风和在革命年代的生活细节。

当日，成群结队的香港市民来到展览现场，近距离观看展品，并不时拍照留念。场内有140余名香港中学生担任导赏员，向观众进行展览解说，介绍周恩来丰富多彩的外交实践及与夫人邓颖超感人的生活点滴。

展览现场同时播放《海棠花开》《入京西苑机场阅兵》《十里长街送总理》《心系水利建设》《大无大有周恩来》等珍贵历史影片，向观众多方位展示周恩来最具风采的生命历程和真实故事。

香港特区行政长官林郑月娥在展览开幕礼上致辞表示，周恩来总理是新中国外交事业的主要奠基者之一，为香港回归祖国做了大量基础性、开拓性工作。在香港举办这个大型展览，让香港市民大众有机会通过珍贵的展品和历史图片、资料，对这位举足轻重的领导人物以及国家的历史有更深入的认识。

中央政府驻港联络办主任王志民向在场嘉宾介绍了周恩来与香港深厚的历史情缘以及他在革命、建国等方面作出的巨大贡献。王志民说，周总理始终高度重视香港对国家、对民族事业的重要地位和作用。在他生前始终牵挂的香港举办大型展览活动别有意义，表达了香港同胞对这位历史伟人的深深怀念。

外交部驻港特派员公署特派员谢锋表示，周总理生前曾三次踏上香港这块土地，中环、上环、九龙都留下他的足迹。香港回归的历史进程凝聚着周总理的高瞻远瞩和对香港同胞的浓浓深情。

本次展览由紫荆杂志社、香港侨界社团联会、中共淮安市委宣传部、淮安周恩来纪念地管理局联合主办。展览在香港会展中心举行，展期为8日至11日。（记者 丁梓懿）

打印本页　　关闭窗口

媒體關注

国务院港澳事务办公室
Hong Kong And Macao Affairs Office Of The State Council

简 | 繁

🔍 搜索

首页　港澳办　新闻中心　信息公开　政策法规　合作交流　服务港澳　服务内地　办事大厅　专题报道

⌂ 首页 > 新闻中心 > 港澳要闻 > 正文

"纪念周恩来诞辰120周年大型展览"在香港举行

发布时间：2018-05-09　来源：

　　新华社香港5月8日电（记者丁梓懿）"人民总理周恩来——纪念周恩来诞辰120周年（香港）大型展览"8日在香港开幕，展出周恩来500多张珍贵历史图片和119件相关实物，聚焦其一生经典的历史时刻，真实再现他卓越功勋的不凡一生。

　　本次展览展出内容分为两大部分：图片部分包括求学立志、革命历程、建设伟业、晚年岁月及风范永存五大主题；实物部分包括周恩来写过的书信、穿过的衣服等。展览再现了老一辈共产党人艰苦朴素的工作作风和在革命年代的生活细节。

　　当日，成群结队的香港市民来到展览现场，近距离观看展品，并不时拍照留念。场内有140余名香港中学生担任导赏员，向观众进行展览解说，介绍周恩来丰富多彩的外交实践及与夫人邓颖超感人的生活点滴。

　　展览现场同时播放《海棠花开》《入京西苑机场阅兵》《十里长街送总理》《心系水利建设》《大无大有周恩来》等珍贵历史影片，向观众多方位展示周恩来最具风采的生命历程和真实故事。

　　香港特区行政长官林郑月娥在展览开幕礼上致辞表示，周恩来总理是新中国外交事业的主要奠基者之一，为香港回归祖国做了大量基础性、开拓性工作。在香港举办这个大型展览，让香港市民大众有机会通过珍贵的展品和历史图片、资料，对这位举足轻重的领导人物以及国家的历史有更深入的认识。

　　中央政府驻港联络办主任王志民向在场嘉宾介绍了周恩来与香港深厚的历史情缘以及他在革命、建国等方面作出的巨大贡献。王志民说，周总理始终高度重视香港对国家、对民族事业的重要地位和作用。在他生前始终牵挂的香港举办大型展览活动别有意义，表达了香港同胞对这位历史伟人的深深怀念。

　　外交部驻港特派员公署特派员谢锋表示，周总理生前曾三次踏上香港这块土地，中环、上环、九龙都留下他的足迹。香港回归的历史进程凝聚着周总理的高瞻远瞩和对香港同胞的浓浓深情。

　　本次展览由紫荆杂志社、香港侨界社团联会、中共淮安市委宣传部、淮安周恩来纪念地管理局联合主办。展览在香港会展中心举行，展期为8日至11日。

分享：

高層官員自媒體

　　香港特區行政長官林鄭月娥等政府高官在參觀展覽後，紛紛在個人facebook上寫下觀後感，鼓勵市民踴躍參觀，體現了對本次展覽的高度肯定和支持，起到令人驚喜的動員效果。

👍 已讚好 ▾　　🔊 追蹤中 ▾　　➤ 分享　　⋯

林鄭月娥 Carrie Lam
5月9日 18:22 · 🔊

今年係周恩來總理誕辰120周年，噚日我出席咗由紫荊雜誌社嘅會展舉辦，有關周總理嘅專題展覽，場內展出豐富嘅資料同珍貴嘅歷史圖片，仲有一啲總理嘅個人物品，等參觀嘅市民可以全面咁了解呢位中華人民共和國嘅開國元勳、擔任總理長達26年嘅偉大領袖。我更有幸認識總理嘅姪女周秉德，並獲贈她為紀念總理而出版嘅書。展期去到11號，我鼓勵大家踴躍去參觀。

#周恩來 #會議展覽中心 #林鄭月娥 #CarrieLam

林鄭月娥 Carrie Lam ✓
@carrielam.hksar

主頁
關於
帖子
相片
影片
社群

建立專頁

👍 讚好　　💬 回應　　↪ 分享　　🌐 ▾

瞭解詳情　　💬 傳送訊息

政治人物

社群　　　　　　　　　　　查看全部

邀請朋友 讚好這個專頁

👍 36,046 人對此讚好

🔊 47,366 個人正在追蹤

Tunghiu Wong 和另外 50 位朋友都對此讚好

關於　　　　　　　　　　　查看全部

📞 2878 3300
💬 傳送訊息
🌐 www.ceo.gov.hk/carrie/chi/index.html
📋 政治人物
✏ 編輯建議

中文(香港) · English (US) · Español ·
Português (Brasil) · Français (France)　+

私隱政策 · 使用條款 · 廣告 · Ad Choices ▷ ·
Cookie · 更多 ·
Facebook © 2018

▲ 香港特區行政長官林鄭月娥在參加展覽後，在自己的facebook上寫下觀後感。

讚好　　追蹤　　分享　　…

聶德權 Patrick Nip 在 20180509 紀念周恩來總理誕版120周年展覽相簿中新增了 8 張相片。
5月9日 19:46 ·

【周恩來誕辰展】周恩來總理勤奮、樸實、一生以人民為重的作風,深深贏得眾人的敬重。他早年已心繫香港,曾下達指示以鐵路為香港供應新鮮食物,又親自北建東江水供水系統,令香港在60-70年代經濟起飛時,在穩定的食水和食物供應下安心發展。

周恩來總理誕辰120周年展覽一連四日(8/5-11/5)在會展舉行,展出周總理不少珍貴的相片及物件。大家不妨到場參觀,近距離認識這位「人民總理」!

#周恩來 #人民總理 #紀念周恩來誕辰120周年展覽 #香港會議展覽中心 #聶德權 #patricknip

聶德權 Patrick
Nip ✔
@patricknip.hksarg

主頁
帖子
影片
相片
關於
社群

建立專頁

還有 5 張

讚好　　　回應　　　分享

Sharon So 和另外 32 人
2次分享　　　　　　　　　　　　1則回應

Sharon So 非常感謝聶局長的支持!
讚好 · 回應 · 5天

發表回應......

政府官員

社群　　　　　　　　　　　查看全部
總請朋友 讚好這個專頁
1,006 人對此讚好
1,138 個人正在追蹤
Chung Tsz 和另外 6 位朋友都對此讚好

關於　　　　　　　　　　　查看全部
2810 2059
www.cmab.gov.hk
政府官員
編輯建議

相關的專頁
商務及經濟發展局 ...　　　讚好
政府機關
政務司司長辦公室　　　　讚好
政府機關
財經事務及庫務局 Fin...　讚好
政府機關

中文(香港)· English (US)· Español · Português (Brasil)· Français (France)　+
私隱政策 · 使用條款 · 廣告 · Ad Choices · Cookie · 更多 ·
Facebook © 2018

◀ 香港政制及內地事務局局長聶德權在facebook上寫下參觀感想。

梁振英
昨天下午2:13 ·

周總理

過去一個星期,在湖北和北京之間兩頭跑,錯過了《紀念周恩來總理》的大型展覽。

回到香港,把41年前買的書《周恩來紀念集》從書櫃裏拿出來,第三次看偉人的事蹟。

166　　　　　　　　　　　　　　　3次分享

▶ 全國政協副主席梁振英在facebook上表達了他對周恩來總理的崇敬之情。

編後語

　　《紀念周恩來誕辰120周年香港大型展覽畫冊》付梓成冊，也意味著"紀念周恩來誕辰120周年香港大型展覽"正式收官。

　　2018年是周恩來總理誕辰120周年。120年，兩個甲子輪回，人間滄桑巨變。從1840年"喪權辱國、割地賠款"的舊中國，到今日躍居爲世界第二大經濟體的新中國，這一歷史性跨越是中國共產黨率領中國人民艱苦奮鬥之結果，而周恩來等老一輩無產階級革命家厥功至偉。爲隆重紀念周恩來總理誕辰120周年，從去年年底開始，組委會開始了緊張的籌備工作，紫荊雜誌社多次派人前往北京與周總理親屬周秉德商討，並最終決定在港舉辦大型展覽，以歷史圖片和文物展示的形式再現一代偉人的風采。

　　此次展覽的成功舉辦，與社會各界的支持密不可分。在此，組委會謹代表紫荊雜誌社、香港僑界社團聯會、淮安周恩來紀念地管理局感謝中央政府駐港聯絡辦宣文部、協調部、社聯部及青年部等部門給予的指導與支持。同時也特別感謝香港華倫集團有限公司、香港梅州聯會、華潤（集團）有限公司、中國銀行（香港）有限公司、意得集團有限公司、山東新潮能源股份有限公司、華懋集團、香港長者文化交流促進會、正大貿易（香港）有限公司、雲南大昌號茶葉有限公司、長沙大紅陶瓷發展有限責任公司和香港學生活動委員會的大力支持。還有許多參與到本次展覽的社團、義工及工作人員們，在此無法一一盡錄，對你們的辛勤付出，我們深表謝意！

　　周恩來總理曾經說過："願相會於中華騰飛世界時。"今日之中國，已經以嶄新姿態屹立於國際舞台，在周恩來總理誕辰120周年之際，通過此次展覽讓香港市民與周恩來總理相會於維港之畔，是我們的榮幸，亦是我們的責任。最後，謹以此展覽及畫冊紀念我們敬愛的周總理！

"紀念周恩來誕辰120周年（香港）大型展覽"組委會

2018年8月